私たちの国際学の「学び」

大切なのは「正しい答え」ではない

奥田孝晴・椎野信雄 編

新評論

はじめに——若い読者の方々へ

1　コンビニから見える世界のありよう

あなたがコンビニエンスストアに立ち寄り、棚に並んでいるペットボトル飲料水、そう、たとえばウーロン茶を買ったとしましょう。何気なくボトル横のラベルに目線を落としたとき、あなたには次のような文字が目にとまるかもしれません。

「原料茶産地：中国福建省、販売者：×××株式会社（日本の企業名）」

当たりまえのことなのかもしれませんが、とくにあなたは想像力の豊かな人なので、このペットボトル飲料水が出来るまでには多くの人々が関わっていることを思うのではないでしょうか（「これまでそんなこと考えたことない」という人もここで想像をしてみてください）。中国の人たちが茶畑で働いて摘み、いくつかの手間ひまをかけて茶葉になり、それが袋詰めされて日本に運ばれ、製造工場でペットボトルに入れられてコンビニ店にやって来ます。あなたはコンビニの店員さんしか直接には見ることはないけれども、その背後には「見えないつながり」があって、そうした関わりの上にはじめて、私たちはウーロン茶を手に入れることができます。また、そうした「つながり」を作り上げる役割を果たしているのが日本企業である×××株式会社で、この会社が中国に進出して茶農家と契約し、人が雇われて茶葉が作られ、日本に運ばれてきます。つまり日本企業のビジネス活動を介して、あなたは国籍を超えた「見えない向こうの人々」と交わっていることにも思い至るでしょう。

現在の世界ではヒト、モノ、カネ、そして情報や文化が国境を越えて移動しており、また相互の交流もどんどん進んでおり、私たちの生活もまた、そうした広い地域での人々の営みの上に成り立っています。そこにはさまざまな「見えない関係」が働いており、そこから私たちとのつながりや交わりも生まれてくるのです。最近、地球温暖化現象など、国境を越えた問題がますます深刻になってきていますが、その主な原因は大気中の二酸化炭素（CO_2）量の増加です。現代の人間の生活が、空気や水の汚染など自然環境の変化に大きな影響を与えています。「国境を越えた見えない関係」は、地球全体に及んでいるのです。

２　「国際化」のイメージ

「二一世紀は国際化の時代・グローバル化（グローバリゼーション）の時代」とよく言われています。先に述べたように、今日ではさまざまな事件が発生したとき、その影響は一国の内にとどまらず、国境を越えて広がっていきます。若いみなさんが「国際化」という言葉から思い浮かべるイメージとはどのようなものでしょうか。

たぶん、それは結構華やかなイメージではないでしょうか。たとえば「国際語」とされる英語をペラペラ話し、外国人とにこやかに会話を楽しむ姿でしょうか。その外国人とは欧米系の白人（イケメン、あるいは美人の？）であり、話の内容は、たぶん「今日何を食べたの？」「君の趣味は何？」といった、たわいのないことでしょう。あるいはいろいろな外国のことをよく知っているとか、海外旅行によく行く、というのもあるのかもしれません。外国の観光地を訪ね、ショッピングして、写真を撮る。明るい色彩を背景に、笑顔を振りまき、ピースサインする日本人若者と白人たち、それが「国際化」のイメージと重なっています。それはどこかの英会話学校の広告ポスターのようなものに似てはいないでしょうか。

しかし、ちょっと考えてみればすぐにわかることなのですが、英語を話すのは何も白人だけではありません。アジア系の人々、アフリカ系の人々、非白人でも英語を話す人はいっぱいいますし、逆に英語を母語とせず、英語を話せない白人だっていっぱいいるはずです。それに、この世の中にはハッピーな話題ばかりがあるわけではありません。たとえば、国連児童基金（ユニセフ）の発表によれば、途上国では現在でも多くの子どもが栄養失調で命を落としており、およそ六〇〇万人が五歳の誕生日を迎えられないといった現実もあります（ユニセフ、二〇一二年発表値）。世界各地ではさまざまな国家間の対立（戦争）が、また国内紛争もあり、戦火が止むことはありません。飢餓、貧困、差別など、国際化が進展する中でさまざまな社会の仕組みを原因として生まれた「見えない（構造的）暴力」によって犠牲となっている人々がいます。「国際化」とは決して華やかなものでも、カッコイイものでもなく、むしろ、悲しみや不幸を生み出す厄介な諸問題を含んでいるのが実情なのです。残念なことですが、現在の日本での「国際化」のイメージには誤解を与えるような、ある種の偏見のようなものが植えつけられてしまっているのかもしれません。「国際社会」とは明るく、華やかなものというよりはむしろ、苦しく、辛く、解決がとてつもなく難しい問題をいっぱい抱えているのです。

こうした国際社会が抱える諸問題を理解するために、これまでの「国際学」では、各国の成り立ちや制度、あるいは民族の特色などを知ることが大切であるとされ、「政治学」「法学」「経済学」「地理学」「歴史学」などのいろいろな学問を基礎としてグローバルな視点で研究し、問題の解決方法を探ることで、より善い国際社会のあり方を考えてきました。たとえば、近代から現在までの国家と国家の関係、資本主義国と社会主義国、先進国と途上国の関係などを学び、今後、国家同士がどのようにすれば協調していくことができるかについて考え、外交や安全保障政策、国連の役割を研究するなど、国際政治のあり方について考えてきました。さらには国際協力のあり方、先進国と途上国との格差問題への取り組みや経済援助、多国籍企業のあり方、国境を越えた財やサービスの動き、資本（カネ）や労働力（ヒト）の移動といった世界経済の問題についても研究が進んできました。

しかしこれまでの「国際学」は、「国際社会」の存在そのものを当然のこととしており、なぜ世界が今日のような「国際社会」として編成されなければならなかったのか、どのようにして「国際社会」が構成されてきたのか、あるいは、どんな必要からどこが中心になって「国際社会」を作り上げてきたのか、といった大前提に関する事柄については、あまり問題とはしてきませんでした。今日のグローバルな世界の原形は、近代ヨーロッパに形成された「国際社会」であると言われています。それは主権国家・国民国家を構成単位としていますが、こうした国家と国家の関係が作られたのは、ヨーロッパという地域のどんな社会特性や経済条件、あるいは文化のあり方に由来していたのでしょうか。私たちの「国際学」は、グローバルな世界が生まれる起源や背景についても考え、そこから今の世界の諸問題をあらためて捉え直してみたいのです。

3　これまでの「勉強」と私たちが考える国際学の「学び」

「あなたはなぜ、ここに存在しているのですか？」――こうした問いかけが普段の学校教育の現場でなされることが、どれほどあったでしょう。

日本の高校までの学校教育では「勉強」はいくつかの教科に分かれており、みなさんには先生が教えてくれること、あるいは教科書に書かれていることを「たった一つの正解」として受け入れることが求められ、その蓄積や記憶の程度が試験でテストされ、「学力」という言葉で成績が評価されてきました。みなさんは世間が言うところの「正しい答え」を注入される「器」であり、「器」が大きければ、あなたは〝一流大学〟（果たして何をもって〝一流〟と定義するのかについては、ほとんど吟味されることはないのですが…）に入ることができる、というわけです。

ここで言う「勉強」あるいは「学力」とは、要するに「良い大学」「良い会社」に入る競争を勝ち抜くための手段のことで、立身出世や功名を遂げるための「手段としての学習」ということでしょう。不幸なことに、世間が言う「たった一つの正解」を受身的に覚え、周囲が敷いた道を歩むことを期待され続ける日本の学校教育の現場では、自分が本当に学びたいこととは違う学習、あるいは自分がこうしたいと思っている生き方とはかけ離れた「学習」に順応することが優先されてしまっているために、「学び」そのものが学習者にとって、決して面白いものではなくなっていることが少なくありません。そこでは、みなさんは生きることの意味や、世界との関わり、難しい言い方ですが、人生観や世界観を問われることもまずないでしょう。たぶん、先の問いに答えることは至難の業で、正直、私にもこれといった正解があるわけではありません。しかし、これだけは言えるでしょう。こうした問いを発することができるのは人間だけであり、他の動物には決してできないということです。

また、みなさんはお母さん、お父さん、おばあさん、おじいさん、曽おばあさん、曽おじいさん、さらには祖先につながる時間の流れのもとにある命です。地球に細胞を持つ生命が誕生したのは今から三六億年前とされていますが、あなたは太古から連綿と続いてきた命の営みの先にある存在であり、そしておそらく、あなたがこれから残していくだろう未来の世代への橋渡しの役をも果たすことでしょう。もしあなたがいなければ、先代からの命の営みは続いておらず、また次代へのバトンタッチもできません。そうした意味で、あなたは宇宙の中で欠くことができない「たった一つの存在」であり、それゆえにあなたの命は尊く、あなた自身でさえおろそかにすることはできないものなのでしょう。でもそのような見方からしたとき、今の世界において、果たして「命の尊さ」は十分に保障されていると言えるでしょうか。

私たちの国際学の「学び」とは、二つの面で、先に述べてきた学問、あるいはこれまでの学習とは異なっているものです。第一に、私たちが考える国際学の「学び」とは、そうした命の尊さが十分に保障されてないこの世界と向き合い、今の仕組みや暮らしのありようをより善いものへと作り変えるための知恵を求めていくという「学び」です。問題は解決が難しいものばかりで、一人ひとりの物の見方、人生観や世界観が違っているように、問題への取り組み方や方法もまた多様で、決して「たった一つの正解」があるわけではありません。むしろ、世の中には「正解」が一つなどというようなことはごくわずかしかなく、また誰かが教えくれるのではなく、自分が進んで探求しない限り、なかなかそれを見つけ出すことはできません。そうした姿勢と知的好奇心こそが、この「学び」では重要なことです。

第二に私たちの国際学の「学び」では、いろいろあるかもしれない「解答」を求めていくために、他の人々の意見に耳を傾け、共に考え、協力して課題の解決に取り組んでいくことが必要とされます。そう、この「学び」は決して一人で完結できるものではありません。他の人々が抱えている困難や苦しい状況に思いを馳せ、それを理解しようと努める姿勢が要求されるがゆえに、おのずと他の人々との対話、交流、コミュニケーションへの努力が不可欠なものとなっていくでしょう。

ついでに言えば、ここでの「学び」は必ずしも個人の立身出世にのみ結びつくものではありません。しかも、自分が世界の諸問題（世界が「国際社会」に編成されているそのあり方も含む）に取り組み、自分自身の生き方をより善いものへと変えていくための、なにがしかの行動をみなさんに促すかもしれません。世の中には、それ自体が立身出世や功名の手段としてではなく、純粋に「知りたい、学びたい」という意志から始まる無償の「学び」という行為が存在しているのであり、よくよく考えてみれば、それこそが人間の本能とでも言うべき知的な好奇心をくすぐり、「知ること」＝「学ぶこと」

＝「考えること」＝「より善く生きること」へとつながっていくものなのかもしれません。（立身出世のための）「手段としての学習」ではない、（学ぶことそれ自体を歓びとする）「目的としての学び」は最も面白く、最も探究に値するものだと思うのです。

4 「関わり・交わり・つながりの学」

この本は、私たちが考えている国際学の「学び」の内容や目標について、ごく簡単に紹介することを目的として書かれたものです。もっとも、現時点でそれを十分に紹介することは、実はそれほど簡単なことではありません。たとえば、みなさんたちが思い描く大学での「学習」とは、分厚いテキスト、難解な専門用語、それにやたらに多いカタカナ用語を教授が一方的に教える、といったイメージではないでしょうか。もちろん、理論（ロジック）や体系（コンテクスト）それ自体は学問にとって重要で、本書はそうした従来型の「学習」を必ずしも軽視するものではありません。ただ、私たちの国際学の「学び」は、これまで長い時間をかけて蓄積されてきた研究や理論の体系に基づくいくつかの学問分野――たとえば、法学や経済学、物理学や化学など――とはかなり違っています。この「学び」は、日々刻々と変化する現実世界のありようを把握し、国際社会と呼ばれる現実世界の状況を理解しながら、自分たちの暮らしそのものを見直していくための「学び」なのです。その点で、まだまだ若い学問であり、その「すそ野」を広げていかなければなりません。それゆえにこそ、みなさんにこの「学び」の輪に加わってもらい、共に新しい「学び」の内容・目標・体系を作り上げていくことを期待します。そう、私たちの国際学の「学び」は、高校までの勉強とは違って、（先生が）教え→（生徒が）教えられる、という一方通行の関係ではなく、みなさんと共に作り上げていく共同参画型の「学び」と言えるかもしれません。

どうでしょう。そろそろみなさんには私たちの国際学がこだわる「学び」の形がうっすらと見えきたのではありませんか。たぶん、理解のためのキーワードとなるのは「関わり・交わり・つながり」というものではないでしょうか。世界七一億の人々の暮らし、織りなされるさまざまな文化、人間の政治経済活動によって変容している自然環境、争い、差別、貧しさ等々、目の前には多くの問題があります。それらは地球という「閉ざされた空間」に生きている私たちにとって決して他人事ではありません。また、私たちの今の暮らしが過去の事象から大きな影響を受けて成り立っている一方で、未来の世代に多くの負荷を残すかもしれないという意味で、それらは過去と未来をつなぐ時間軸の中で、私たちが次世代に対しても責任を持って考えていかなければならない問題でもあるのです。そうした空間軸と時間軸を考慮するとき、私たちはこの世にあるすべての事象との「関わり・交わり・つながり」のありようを問題とせざるを得ません。今あるそれらの「関わり・交わり・つながり」が必ずしも人々をハッピーなものとしていない場合、国家と国家の間での紛争が起こったり、特定の集団の利益を守るために多くの人々が犠牲になっていたり、あるいは観光旅行に行ったときに相手の文化を理解せず非礼な態度を取って相手を怒らせてしまったり、ビジネスを行うときに独りよがりの行動で自然環境を破壊してしまったり、といったことが生じるでしょう。そして、そんな理不尽な「関わり・交わり・つながり」が今の世界で大手を振ってまかり通っているとすれば、それをより善いものへと作り変えていく知恵と行動、すなわち「行動のための知恵（実践知）」が必要とされるのは自明ではないでしょうか。

そう、私たちの国際学の「学び」とは、要するに「森羅万象（この世のすべて）の関わり・交わり・つながり」を考える「学び」であり、世界と自分をより善きものに作り変えていくための実践知を求める「学び」であると言えるのです。

5　「私とあなたの関係」から「私たちの関係」を作っていく

以上述べてきたことには、もう少し説明が必要かもしれません。古代ギリシャの哲学者アリストテレス（BC三八四〜BC三二二）は、「人間はポリス的動物である」と言っています。ポリスとは警官のことではなく、ここでは古代ギリシャのアテネのような「都市国家」のことであり、今で言う社会・共同体のことです。人は他者と知り合い、関係を深めていくことで絆を強め、双方の交わりを広げていきます。そして双方がお互いを意識し、お互いがつながっていく、そういった形で人は社会を作り、暮らしが営まれていきます。要は「人は一人では生きてはいけない」ということでしょうか。人間とは社会関係の中で生きる存在なのだということです。

それでは、私たちの国際学の「学び」が一つの目標としている、争いもなく、誰かを差別したり苦しい目に遭わせたりすることもない、みんなが満ち足りた気持ちで暮らせる社会を作り上げていくには、どのような努力や実践知が求められるのでしょうか。

次ページの図を見てください。ここでは**私**（自分）と**あなた**（他者）という登場人物で話が進んでいますが、ここで取り上げた人称はあくまでも象徴的なもので、それはたとえば外国（外国人）と日本（日本人）、途上国の人々と先進国の人々、男と女、あるいはなにがしかの迷惑を受けている人と与えている人といった、いろいろなケースがあることに留意しておいてください。

Ⅰの段階では**私**（自分）と**あなた**（他者）は別個の集団（世界）に属しており、関係も疎遠です。物の見方や人生観や世界観もたぶん大きく異なっていることでしょう。お互いの立場を思いやることはまだ未成熟で、国家、民族、文化の違いもあって相互理解は進まず、共に協力し合おうという姿勢は育っていません。両者の関わりにおいても、お互いの立場は異なっており（つまり(a)≠(b)であり）、ここには共通の理解や考え方はなかなか生まれてきません。現在の国際社会に見られるさまざまな主張の対立の裏には、今の世界がそうしたステージからなかなか脱却できていないことを示す「関わりの未成熟」があるように思われます。

しかし、私たちの国際学の「学び」をより発展させていけば、Ⅱの段階に進みます。**私**と**あなた**はまだそれぞれが属する別々の集団の常識や固定観念から抜け出せず、従来までの物の見方にとらわれており、なかなか新しい関係を結んでいくには難しい状態にあります。それでも他者の文化を思い、過去の歴史などに想像力を働かせて互いを理解しようと努めることで、両者に交流が始まります。そこでは**私**の世界と**あなた**の世界が次第に関わり、交わり、つながっていき、(a)と(b)の接近が促されます。相互の交流、意見の交換は必ずしも順調ではなく、ときとして対立を生み出すかもしれませんが、一方で、相互理解が進んでいけば協調の態度も養われていきます。やがて(a)でもなければ(b)でもない、

図　「私とあなたの関係」から、「私たちの関係」への進化の流れ

Ⅰ　疎遠な関係

物の見方、考え方(a)

物の見方、考え方(b)

⇒お互いを知らず、関心がない状態

私の世界

あなたの世界

……(a)≠(b)という別個の世界

Ⅱ　「関わり・交わり・つながり」の始まり

従来までの物の見方、考え方(a)

従来までの物の見方、考え方(b)

⇒関係の始まり、新しい物の見方への気づき

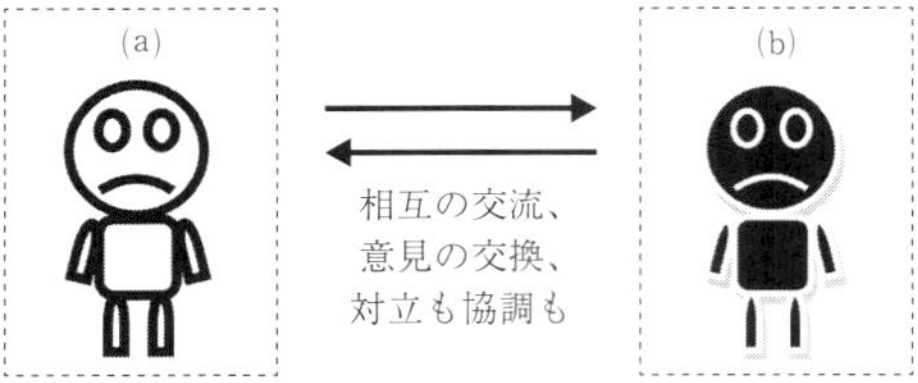

私の世界と**あなた**の世界が関わり・交わり・つながっていく

……(a)と(b)の接近

Ⅲ　「【私たち】の世界」という新しいまとまり

従来までとは異なる新しい共通の物の見方、考え方(c)

⇒新しい一つの共同体ができあがる（地球市民）

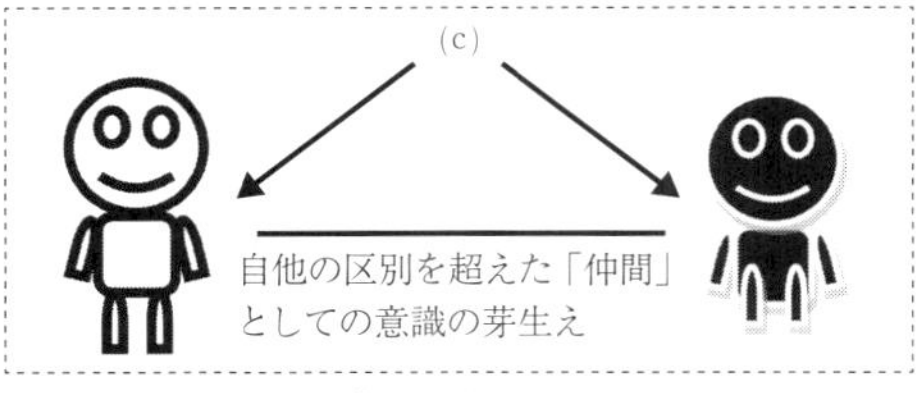

私と**あなた**が別個の集団にあるのではなく、共生する**私たち**の共同体

……(a)でも(b)でもなく、(c)という新しい物の見方が生まれてくる

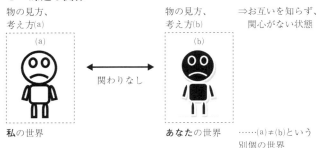

新しい物の見方への気づきに至るかもしれません。

それがⅢの段階です。関わり・交わり・つながりの深まりと「学び」の発展は、相互の依存、つまり「**私とあなた**はお互いがかけがえのない存在である」ということを認め合う、自他の区別を超えた「仲間」としての意識、感覚を芽生えさせます。そこには、それまで別個だったものとは異なる、新しい共通の物の見方、つまり(c)という共通の物差しで測られるまったく新しい世界観や生活観が育まれ、従来には見られなかったもう一つ別次元の集団（世界）が姿を現すことでしょう。多分に理想的過ぎると思われるかもしれませんが、そうした意識、感覚を身につけることによってはじめて、私たちは、国家や民族、あるいは地域や階級などを超えた「**私たち**の世界」という新しいまとまり、いわば「地球市民」という新たな共同体が日々の暮らしを営むローカルな個々の現場に作られる可能性を見出していくことができるのです。

ここで言う「新しい共通の物の見方」とは、**私とあなた**との話し合いによって形づくられる新しい共通の考え方といった意味合いに近いものです。また、ここで言う「共同体」とは、国家・国民・民族の枠にとらわれない、地域全体に及ぶものを指しています。私たちの国際学の「学び」は、それらを追求する知の運動です。それは諸国民、諸民族が共に生き、互いに理解し合い、より平和で公正な社会を求めようとする地球市民としての意識（グローバル・シチズンシップ）が持てる、「新しい世界」へとつながる道を切り拓くための「学び」なのです。

６　「鍋料理」のような私たちの国際学の「学び」

世界は多様であり、人々の見方も考え方も違っています。そう、「正解」は一つではない。だからこそ、みんなで共に考え、行動する中で、みんなが納得できる、より確かでより善い「解答」を探し出していく努力が必要なのです。そこで大事なことは、「他者への配慮」です。とりわけ諸々の「目に見えない（構造的）暴力」「不公正」によって社会的に弱い立場に追い込まれている人々の存在、その現実に対して想像力を働かせることです。そして、理不尽な現実世界のありようを捉えながら、「私たちの世界」＝新たな共同体を地道に作り上げていくために必要な知恵を、互いに出し合っていくことです。

また、その第一歩として求められるのは、周囲から与えられる情報や知識を鵜呑みにせず、これまで「正解」あるいは「常識」とされてきたものをまずは疑ってみるという批判精神と、自分の頭で考え、仲間と話し合い、共同で一つの課題に立ち向かってくという共生の精神です。

それらの涵養が私たちの国際学の「学び」の出発点であるとすれば、この「学び」は、他の学問とは少々違った、参加型あるいは実践型の学問であるとも表現することができるでしょう。あえて言えば、私たちの国際学の「学び」は、寒い時期にテーブルを囲んで作る「鍋もの」のようなものです。「学び」の具材はいろいろで、みんなで持ち寄ります。たとえば、私たちの大学（文教大学国際学部）では、キャンパス周辺の森づくりや地域づくりへの協力活動をはじめ、東アジアからの留学生たちを交えた「東アジア共通歴史教科書」づくり、外国からやって来た日系労働者たちの子どもたちが通う小学校での「多文化教室」支援、国内外でのボランティアなど、地元（ローカル）から世界（グローバル）へとつながっていこうとする「地球市民」としてのさまざまな活動が行われています。それら一つひとつが国際学の「学び」という「鍋」づくりの大切な具材となり、みんなの関わり・交わり・つながりが調味料となって、〝いい味〟を作り出していくことでしょう。そしてそんな形で生み出される「鍋」をみんなで囲み、つつき合うことで、ここに集う人々の体と心は確実に温かくなっていくことでしょう。

みなさんには、これから本編を読んでいただくことによって、私たちの国際学の「学び」のさまざまな「鍋」に触れ、具体的なイメージを広げていって欲しいと思います。そして、自分がどんな具材をもってこの〝パーティ会場〟（地球）に参加できるかを、共に考えていきましょう。この本を脇に抱え、私たちの国際学の「学び」という名の「知の旅」へ、あなたの一歩を踏み出してみませんか。

奥田　孝晴

私たちの国際学の「学び」／目次

私たちの国際学の「学び」

——大切なのは「正しい答え」ではない

本書は、文教大学国際学部の教員有志が、
人と人、人とモノ、世界と地域をつなぐ「学び」の原点について、
若い読者とともに考え、理解を深め合うために編まれたものです。

第1章　旅する世界

1　旅とは何か

あなたにとっての旅とは

みなさんにとって「旅」とは何でしょうか。

のっけからみなさんにこのようなぶしつけな質問を投げかけてみましたが、考えてみると本当に不親切な問いかけかもしれません。何しろみなさんは人生の旅がまさに始まったばかり。人生の達人のように旅について考えることなど、これまであまりなかったことでしょう。

みなさんはどのように答えを探し始めるでしょうか。

机の前で腕組みをして考えて、あれこれ振り返る――夏休みに祖父母を訪ねた列車の旅、家族で出かけた海外旅行、想い出がいっぱいつまった修学旅行などをまず思い浮かべるかもしれませんね。そこから旅って何だろうと考えるのは間違いなく一つの方法です。

図書館や書店で「旅行」「国内・海外ガイドブック」「地理・地誌」などに分類された書棚の前に立ち、旅について書いてある本を探す――それも実にまっとうなやり方です。旅についてのたくさんの本があると知って驚いたのではないでしょうか。

インターネットで調べたほうが簡単だと考える人もいるでしょう。手っ取り早く家の人に訊いたり、ちゃっかり学校の先生に訊いてみたりするのも決して悪い手ではありません。

賢明なみなさんはそろそろわかってきたかもしれませんが、「旅」とは何かという問いに対する答えは決して一つではないのです。その答えを導き出す方法も一つではありません。

「旅」を読む――書かれた旅

旅とは何かを考える手がかりとして、旅について書かれた詩をご紹介しましょう。これは著名な作家が書いたものではありません。「旅人による旅人のための旅マガジン」を謳《うた》った『旅学』5号（ネコ・パブリッシング、二〇〇四）の特集の冒頭に出てくるものですが、誰が書いたかというクレジットがはっきり示されていません。ごつごつして、決して洗練されてない言葉で書かれた詩です。

とるにたらない日々だけが繰り返され
怒ることとさえ忘れてしまった僕がいる

やりたいことが見つからない　やりたいことが多すぎる
やるべきことは何もない　それは誰もが同じだ
小さなしあわせなどいらないなどと言いつつ
手のひらほどのしあわせさえかつかめない
さみしくはない　でも
腐っていく　腐っていく　心の傷が腐っていく
これが世界だと疑いもなく扉を押し開き
しばらく歩き続けたらまた壁に突き当たる
ふるさとではなく　トウキョウなどでなく
生まれた国以外の国などであろうはずもなく
手を伸ばせば届きそうでも
つかもうとすればするりと逃げるかげろうのように
近づけば消えるもうひとつの世界へ
歩いて行こう　歩いて行こう　わき目も振らず
旅に出ようよ
めぐりゆく春夏秋冬のごとく
繰り返される毎日を置き去りにして
行こう　さあ行こう

刹那《せつな》に閉じ込められた
今という世界をぶち壊しに行こう
世界は声をひそめて
僕らがやってくるのを待っている

みなさんはこの詩のメッセージをどのように受け止めましたか？　日常に辟易《へきえき》していて、どうにかそこから抜け出したいと考えている語り手が自分の思いを綴《つづ》っているようです。作者が退屈な日常を打破する手立てとして考えているのが、旅に出るということ。すごくシンプルにその思いが書かれています。当たりまえの「日常」を抜け出し、「非日常」を求めることは、多くの人が旅に誘われる大きな動機の一つになっていることは、間違いありません。民俗学者の柳田國男は、「日常」のことを「ケ」、「非日常」のことを「ハレ」と呼びました。たとえば農村で農作業を行い、作物を地道に育てる日々が「ケ」とすれば、豊作を祈る行事で村じゅうが大いに盛り上がる祭りの日は「ハレ」です。旅も日常（ケ）から非日常（ハレ）へと入っていく行為と捉えることができます。

旅する作家と呼ばれた立松和平《わへい》は、旅先を舞台にした小説や紀行文などを数多く書きました。「旅の効用」（文化庁編『わたしの旅１００選』ぎょうせい、二〇〇六）という短いエッセイで、彼はこんなふうに書いています。

旅のよいところの一つは、いつも暮らしている視点、つまり日常生活の側からではなく、自分が本来持っている感性から対象を見ることができる点だ。自分の目の高さは身長の分であり、そこからものを見る感覚が知らず識らず身についている。だが地面に寝そべれば蟻の視点になり、木に登れば鳥の視点になる。水中を泳げば魚になり、カヌーでいけば水鳥になる。そのように視線の位置をどんどん変えていくことが、旅に出るということだ。

「自分が本来持っている感性から対象を見る」という表現は、旅という状況ならではの、たとえば家庭や日常生活における役割や社会的地位などとは無関係に、旅に出るその人自身の感性やモノの見方が大切になってくるということを言っているのでしょう。

旅をしていると、次から次へと多様なものと出会い、これに対してどんな態度をとったらよいのか決めかねることがある。つまり拒絶してその場を去っていくこともあるのだ。それは旅する自分が、その相手に試されているということだ。試され、拒絶したりされたりしたのでは、出会わないほうがましである。

エッセイの冒頭では非日常に誘う旅の魅力について書かれていましたが、ここでは一転、文章の調子が変わり、旅に向かうときのしっかりした心構えの大切さを教え聞かせるように書いています。つまり、旅ではさまざまなものと出会いますが、その出会いは（おそらく日常生活と同じように）必ずしも幸せなことばかりではない、むしろ不幸な出会いもあると指摘しています。

旅先で拒絶されないためには何が必要か。立松はそのヒントを「目の前に現れるものすべてを、柔軟に取り込んでしまう」ことだと示します。そうすることによって、「自分はもっともっと大きくなることができる」と作家は言います。さらに、「日本全土ばかりではなく、この地球をも丸呑みすることだってできる」とまで言い切っています。ここで触れられている「目の前に現れるものすべてを、柔軟に取り込んでしまう」という姿勢は、とても大事なことだと思います。それは生活スタイル、習慣などのその土地の文化を、無条件にリスペクトすることにほかならないと言えるでしょう。その感覚、わかりますか。

立松はエッセイをこう締めくくっています。

旅は楽しい。知らなかったことを知り、どんどん豊かになっていく自分を感じ取ることができるからである。この世の多様性を知ることが、私たちには何より必要である。他者を認める心があれば、自己主張によるいがみあいもなくなり、戦争をすることもなくなる。旅の効用ははかり知れない。

旅は楽しく、そして間違いなく私たちを成長させてくれます。自分自身を変え、異文化に対する理解を深め、世界観を変えるきっかけを与えてくれるかもしれません。ひいては世界中の人々がお互いを認め合うような契機をもたらしてくれるのではないかという願いもこの文章には込められています。旅って何だろうという問いに対して、旅を愛し、自然を愛し、旅先の人々の暮らしに関心を寄せ、土地の文化に敬意を表してきた立松氏が簡潔にまとめた、素晴らしい「解答」ではないでしょうか。

2　人はどんな旅をしてきたのか

信仰の旅、戦争の旅、交易の旅

ところで、人はいつから「旅」をしてきたのでしょう。

ヨーロッパでの最も古い旅の記録は、紀元前五世紀にギリシャの歴史家、ヘロドトス（BC四八四？～BC四二五？）の著書『歴史』に残っています。〝古代における最も偉大な旅行者〟や〝歴史の父〟と呼ばれるヘロドトスは、ギリシャを中心に、ペルシャ（現、イラン）等の中近東やヨーロッパ南部、アフリカ北部等へと旅をしました。『歴史』には旅先で出会う各地の人々の風俗や都市、制度や習慣などが、とても二五〇〇年以上前の記述とは思えないほど好奇心いっぱいの眼差しで生き生きと描かれています。人々が戦争や侵略、避難などのために国から国へ、ポリス（都市）からポリスへと移動していたことや移動手段としてらくだが用いられていたこと、駅制があったことも知ることができます。書物はまるでタイムカプセルのようですね。

この時代の旅の主な目的は信仰＝巡礼でした。ギリシャの神々の神殿が各地に建てられ、参詣者が絶えませんでした。神殿を建立したのは為政者ですから、信仰のための参詣とは権力への忠誠を誓うことであり、権力者は信仰を利用して人々を支配したのでした。

古代ギリシャの神殿で、祭典競技会として四年に一度のオリュンピア（オリンピア）競技会（古代オリンピック）など四大祭典競技会が開催されていた時期（ＢＣ七七六～ＡＤ三九三）には、参加者や見物人が、各地からオリュンピアなどの神殿に集まりました。移動する人々のために、都市国家（ポリス）では「タベルナ」と呼ばれる食堂や酒場が設けられ、旅人にパンやワインが振舞われました。旅人は太陽神ゼウスの使いとされ、沿道の民家に泊めてもらうのが習慣でした。厚くもてなされたのです。宿の主人に求められた、「客」（ホスペス hospes ＝外来の友）に対するもてなしの精神はラテン語でホスピタリタス hospitalitas と呼ばれ、これこそがホスピタリティ hospitality の語源です。

古代ローマ時代は食べ歩きや芸術鑑賞、保養などのさまざまな娯楽の旅が発達しました。中世になると聖地巡礼がますます盛んになりましたが、同時に、現在も続くイスラム教とキリスト教の聖地争いが激化しはじめ、イスラム教徒からの聖地奪還のためにキリスト教徒の十字軍が何度も派遣されました。戦争のために街道が整備され、やがて街道は商業や交流のために利用されるようになり、ヨーロッパの人々の関心をまだ見ぬ東方世界へと向かわせる役割も果たしたのです。それに拍車をかけたのが、ヴェネツィア出身の商人だったマルコ・ポーロがまとめた『世界の記述』（東方見聞録）でした。

地中海をまたいで移動した十字軍の「戦争のための旅」は、航海術、造船技術、海図など海を渡る技術を発達させました。それらはやがてスペイン、ポルトガル、イギリス等に大航海時代をもたらします。旅の発展は科学技術の発展、交通手段や交通網や宿泊施設の整備、経済の発達などと密接な関わりがあるのです。ユーラシア大陸を東へと向かう道は、北部のステップ地帯を通る草原の道、中央アジアを通るオアシスの道、南方海上を通る海の道とがありました。オアシスの道は主として生糸や絹を運んだため、後の地理学者に「シルクロード」と名付けられました。

交通史研究者の新城常三は、『庶民と旅の歴史』の中で、これら古代からの旅の歴史を振り返り、旅には宗教や交易・商用など生きるための「内部的強制の旅」、戦争や国防などの権力による使役のための「外部的強制の旅」、娯楽やスポーツなどの「楽しみのための旅」の三種類があると分析しました。この解釈は、今では観光学の常識となっています。新城は、三番目の「楽しみのための旅」ができるようになったのは現在に近い近代であると述べています。「楽しみ」こそ、今日私たちが旅をする目的なのですけれどね。

旅から観光へ

ルネッサンス期後の一八世紀後半から一九世紀前半にかけて、貴族や作家、詩人などが諸国を漫遊する旅がヨーロッパで盛んになりました。とくにイギリスの貴族が子息に家庭教師をつけて一年や二年の長期間に亘ってフランスやイタリアへ旅に出すことが多かったようです。イギリスは島国なので新しい文化に出会うためには自ら国外へ学びに出るしか手段がありませんでした。旅を通して美術や芸術、建築や礼儀作法等を学び、貴族同士の交流が進み、いわゆるヨーロッパ文化が国を越えて共有されていったのです。「グランドツアー」と呼ばれるこの大旅行、何かに似ていませんか？　そう、みなさんも経験した、あの「修学旅行」の原型なのです。家庭教師として旅に同行した人物にはモンテスキューやルソー、ゲーテなど名だたる文化人がいました。女優のオードリー・ヘプバーンが主演した映画『ローマの休日』は、王女の一日のグランドツアー体験をモチーフにした作品です。

グランドツアーは大仕立ての「旅行」でしたが、貴族等の一部の富裕層だけに許された特権的なも

今日も多くの観光客が旅に出る。イギリス・リバプール駅にて。

のでした。それが一般庶民にも普及したのは一九世紀にイギリスで蒸気機関車が発明されてからのことです。禁酒法全盛期だったこの当時、後に現代観光の創始者と呼ばれた牧師のトーマス・クック（一八〇八〜九二）が、一八四一年に中部都市で行われた禁酒法大会に参加を希望する人々のために、鉄道を借り切った安価なツアーを企画したのです。このツアーは五七〇名を集め、好評を得ました。これをきっかけに、クックは国内や海外へ大量輸送機関を使ったツアー商品を次々と開発し、大成功を収めます。クックは移動手段、食事、貨幣に代わるトラベラーズチェック、ツアー商品のＰＲポスターやチラシ、時刻表など、現在のパッケージツアーに必要な事業を次々と編み出し、旅行会社を設立しました。同社は一九〇七年に横浜に支所を設け、日本初の世界一周団体旅行を実現しています。グランドツアーのように仕立てられた「旅行」、そしてトーマス・クックによる「団体旅行」の登場によって旅行は、一気に大衆化し、さまざまな事業を伴う「観光産業」へと発展を遂げました。

今を生きる私たちが、手軽かつ身軽に旅することができるようになったのは、こんな前史があってのことなのです。

3　人はなぜ旅をするのか

「ハワイ」からの視点

旅の歴史を紐解いてきましたが、これらは研究者や歴史家によって残された文書で整理された、いわば〝表の歴史〟です。そこからは尤《もっと》もらしいストーリーは読み取れても、次のような問いへの答えは見つかりません。すなわち「人はなぜ旅をするのか」といった問いです。この問いに、私たちの国際学の「学び」の視点から答えを見つけてみましょう。

私たちが考える一つの回答は、旅とは「私は変わりたい」「私を変えたい」という、人間の欲求の現れなのではないかということです。唐突すぎて、ぴんとこないかもしれませんね。手がかりとなるキーワードとして示したいのが、日本人観光客にとても人気のある観光地、ハワイです。

ビーチでの海水浴やマリンスポーツ、そして巨大なアラモアナショッピングセンターや免税店での買い物など、ハワイには観光の持つ魅力の多くが詰まっています。みなさんの中にも、家族旅行等でハワイに出かけたことがある人も少なくないでしょう。年末年始には多くの芸能人がこの「楽園」を訪れるようで、年中行事のようにテレビのワイドショーは彼・彼女らを追う特集を組みます。

ハワイが一九五九年にアメリカ合衆国最後の州になったことは知っていると思います。けれど、その前、つまり米国に併合された一八九八年以前にはこの太平洋の島嶼《しょ》地域にハワイ王国が存在していたということは知っているでしょうか。

ヨーロッパ系の人たちが最初にハワイにやって来たのは一七七八年、イギリス海軍のジェームズ・クック率いる船団がその最初の「接触」でした（ハワイ王朝を樹立したカメハメハ大王は、彼が各島々の権力者を抑えるため、ヨーロッパ人の力を使っています）。ヨーロッパ人がハワイと接触する以前、ハワイの島々は、独自の文化を育てたハワイアンが暮らす社会でした。一三〇〇年頃にはその独自の社会や文化が作られていたと見られています。

では、そのハワイアンたちは、いったいどこからどのようにやって来たのでしょう。人類学などのこれまでの研究によると、彼・彼女らは三〇〇年から七五〇年頃ハワイから約四〇〇〇キロも南に下った南半球のタヒチやマルケサス諸島辺りからカヌーに乗って太平洋を北上し、ハワイの島々に渡ってきたと言われています。太平洋の地図を広げてみるとわかりますが、タヒチやマルケサス諸島辺りからハワイにかけて、島はありません。大海原が広がっているだけです。このことは、彼・彼女らはまったく島が見えない海に向かって、航海に出たということになります。これは大変なことです。当時すでに高い航海技術があったとも言われていますが、それでもかなりの困難さが伴ったことでしょう。何よりも海へ出るには大変な勇気がいることではなかったでしょうか。島が見えれば、人がそこに向かおうとする気持ちはわかります。しかし、島が見えない海に向かって移動をするなんて、よっぽど大きな覚悟か、あるいは先には島があるという確信がなければ、なかなかできることではありません。

そもそも人々はなぜそのような移動をしたのでしょうか。考えられるのは、食べものを求めて、あるいは部族同士の争いに負けた結果として、その土地にいられなくなったことなどです。海の向こうへの好奇心もあったかもしれません。それにしても何という命がけの行為なのでしょう。こうした移動は広い意味で人々の旅だということができます。そこに、人間の冒険心を見ることもできなくはありません。でも、それよりも人間は本質的に自分を変えたい、まったく違う自分になりたいという願いを持った生きものではないかということです。だから人は旅をするのではないでしょうか。

私（本浜）がそう考えるようになったヒントを与えてくれたのがハワイへの旅でした。研修の引率で学生を連れてハワイを訪れたときのことです。自然豊かなカウアイ島で二週間ほど滞在した後、ワイキキビーチなど観光スポットの多いオアフ島で、終日自由行動となりました。海外に出かけると必ず博物館、美術館を訪れる私は、その日も何のお目当ての展示もないまま、路線バスでのんびりとビショップミュージアムを訪ねました。ハワイをはじめ太平洋の島々の歴史や文化を伝えるユニークな博物館です。そこでたまたま開かれていた、太平洋を旅する「海の民」＝オーストロネシア人についての特別展を観ました。旅の偶然という魔法です。

アウトリガーカヌーは現在も太平洋の島々では日常交通手段に使用されている。アウトリガーで安定を保ちながら帆で風を受けて海面を滑る。写真は伝統的なカヌーの製造技術を伝えるための教材。マーシャル諸島マジュロにて。

紀元前四〇〇〇～三〇〇〇年頃、現在の香港辺りにいたアジア系、つまりモンゴロイド系の人々が、台湾へと海を渡り、時間をかけてフィリピン、ニューギニアなどの島々をつたいながら、アウトリガー（浮子付きの）カヌーと星や海流による航海術を使って南下し、一方でさまざまな島に拡散しながら、トンガ、サモア、マルケサス諸島などに至り、そこから南はニュージーランド、東はイースター島、そして北上してハワイに移動しながら、人々は定住の地を求めっていった――このようなことが最近の人類学などの研究成果としてわかったと書かれていました。驚くべきは、西は太平洋から遠く離れたインド洋西部のマダガスカルに至っていた、というのです。太平洋を舞台にした「海の民」の壮大な旅、みなさんはどのようなイメージを持ったでしょうか。

私たちの国際学の「学び」の座標

私はこのオーストロネシア人の移動についての詳しい内容をビショップミュージアムでの特別展を見るまでよく知りませんでした。何気なく入った博物館での、期待もしていなかった展示企画を見たとき、それまで意識せずに旅をしてきた太平洋の島々での点と点の知識と、ある種の感覚が一挙に結びつきました。

ハワイアンの人々のどこかアジア的な顔つき、あるいはニューカレドニアで見た工芸品に見られる太平洋的な感覚が盛り込まれたデザインなど、私がどことなく親近感を持っていたこれらの要素がはっきりと焦点を結びました。そして私は気づいたのです。私は太平洋に属している、と。

この発見は、おそらく日本国内での、日常生活の中で体験することはできなかったでしょう。旅先のハワイで、感性がビンビンに全開だったからこそ見えてきたものなのでしょう。それに私は、研修で訪れた私たちを、ハワイアン・ホスピタリティで受け入れてくれたハワイの人々の気持ちに触れたばかりでした。彼・彼女らの顔が目を閉じてもまだ瞼に浮かんでくるような感じもしていました。そのもの静かな、しかし断固とした自己主張に、私は明らかに共感していたのです。たとえば、Hawaiiと英語でさらっと綴るのではなく、「ʻ」（オキナ＝声門破裂音）というHawaiʻiと、ハワイ語の発音に近いように綴ることで、英語に抑圧されてきた自分たちのことばを復権させようとする運動などにもそのことが強く感じられました。

その後、私は、専門の文学研究において「太平洋文学」についての研究を始めました。太平洋文学とはあまり聞き慣れないジャンルですが、「太平洋の巨大な空間に点在する島々の、その多様で豊かな文化、そして歴史の中から生まれ、太平洋の島々に自らのアイデンティティを重ねる人々によって書かれた小説や詩、戯曲などの文学作品」のことです。しかしそこで使用されている言葉は、太平洋の島々の人々が、祖先から受け継いできた言葉ではありません。マゼランの太平洋航海以降接触してきたヨーロッパの大国の言葉――英語やフランス語、スペイン語――なのです。これら「他者」から与えられた言葉を自分のものとして反転させ、自らの感性や歴史観などを綴っています。ハワイの文学表現は、米国文学の括りに入れられることも多いのですが、太平洋文学の重要な動きは、間違いなくニュージーランドやフィジーと並んでハワイから

異形のモアイ。海を向いて立つこの人形（ひとがた）は航行する人々の平安を願ういわば太平洋の道祖神だ。

もその多くが生まれているのです。

太平洋から日本を観る

作家の島尾敏雄や池澤夏樹は、日本の歴史は長く大陸（中国）にばかり目を向けてきて、太平洋に背を向けてきた歩みであると指摘しています。太平洋の島々を奪い合うアジア太平洋戦争で負けた後は、大陸から、太平洋の向こうにある米国ばかりに目を向けてきたのです。日本史学者の網野善彦は『「日本」とは何か』の扉に環日本海諸国図を掲載しています（図）。この地図は日ごろ見慣れた地図の天地をひっくり返した日本周辺図ですが、これを見ると、日本は北海道から琉球列島まで一つながりに、日本海という湖を隔てて太平洋への汀《みぎわ》に数珠玉のように連なっていることがよくわかるでしょう。私たちは太平洋に臨む大陸の縁《ふち》にたどり着いた旅人であり、これは紛れもない事実なのです。

「3・11」（東日本大震災・福島第一原子力発電所事故）も、実は太平洋と大きく関わっています。二〇一一年三月一一日に巨大地震が発生、それによって起こった津波で東北地方が大きな被害を受け、それに連動して福島での原発事故も起こりました。こうした未曾有の自然災害も危機も人災も、「日本」と「太平洋という海」との関わりを抜きには論じられません。これだけでも日本に住む私たちは、間違いなく「太平洋」に属していると言うことができるのではないでしょうか。

それでもみなさんにとっては、「太平洋」は遠い存在かもしれません。日本で「太平洋」を意識するのは、プロ野球の「パシフィック」リーグ（パ・リーグ）くらいだという笑い話もあるほどですから。

図　環日本海・東アジア諸国図

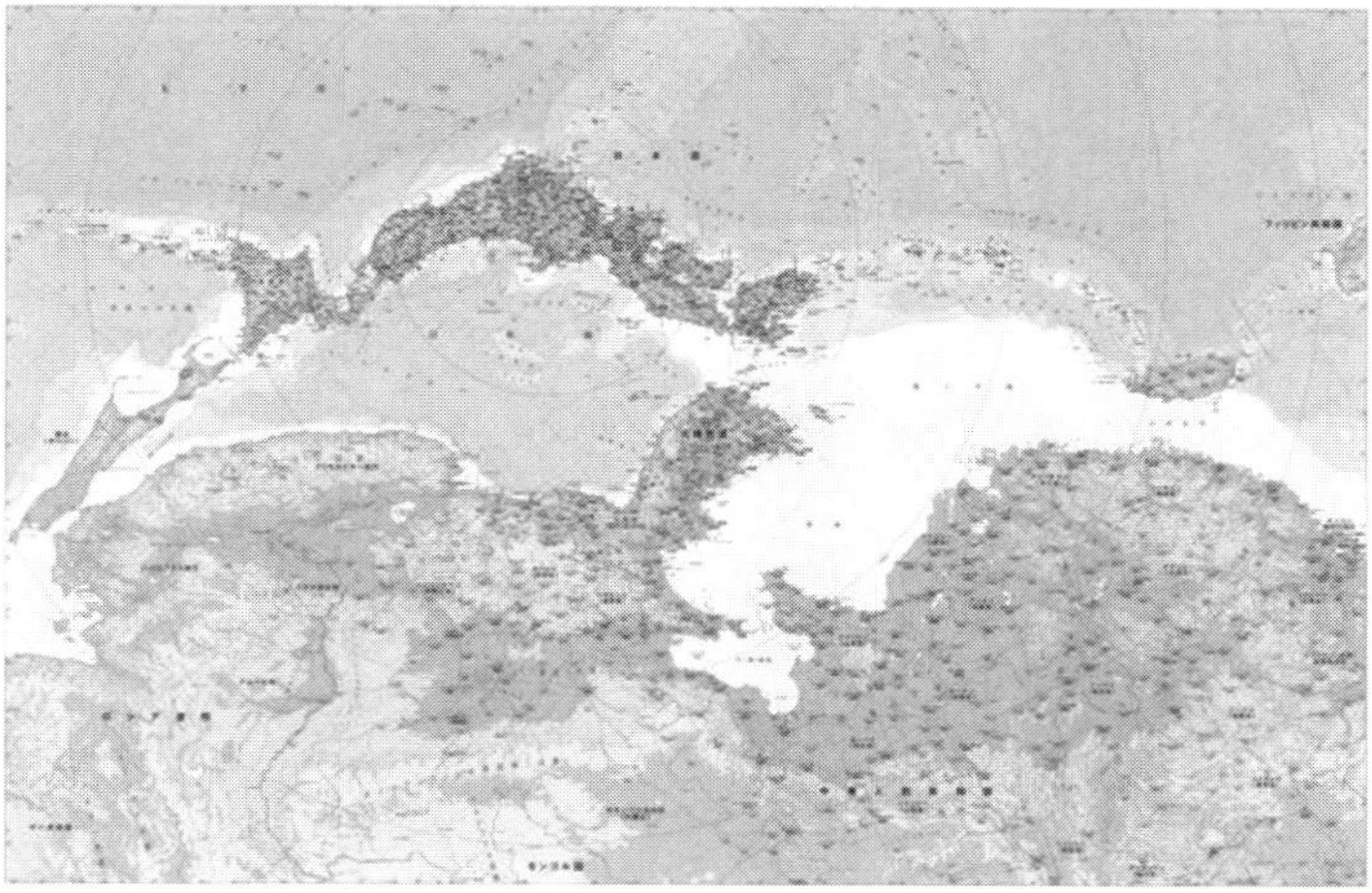

日本海は湖で日本列島は太平洋に張り出した諸島群である。出典：この地図は富山県が作成した地図（の一部）を転載したものである（平24情使第238号）。

　では、どうすれば太平洋を身近に感じられるでしょうか。それには旅に出て、「太平洋」を感じることがいちばんです。「日本」を「日本」から考えるのではなく、「太平洋」という座標軸の中から捉え直してみて欲しいのです。旅慣れていない人には、ハワイはお薦めです。グアムやサイパンは、費用的にはより気軽に行けるかもしれません。沖縄の島々の旅もよいでしょう。まずは自然体で、何の予備知識もなく、気軽に出かけてみませんか。信じるのは、自分の感性だけです。ビーチで寝そべったり、部屋でゆっくりしたりするのでもいいでしょう。それだけでも日常から解き放たれることができるはずです。ただそこで、少しだけ自分の感覚アンテナを伸ばしてみませんか。ハワイ・オアフ島だったら、ツアーに付いている、観光・ショッピング用の無料のトロリーバスをあえて利用せずに（少しもったいないですが）、ぜひ路線バスに乗ってみてください。地元の人々の息遣いも感じられますし、何よりもそこから見える、日本人観光客（つまり私たち自身）の姿を、少し距離を置いて見ることができます。免税店や大型ショッピングモールに行って「ショッピング・クレージー」になることを批判はしませんが（買い物はストレス解消にもなるようですね）、でもそれだけではない気がします。パール・ハーバーも訪れてみませんか。日本と米国の戦争は、日本軍がこの軍港を攻撃することから始まったのです。太平洋の島々と、「大日本帝国」の戦争占領の関係を理解する努力は、私たちにとって重要な課題です。

そうそう、ハワイに滞在していると、観光客だけではなく、多くの日系人がいることにすぐ気づくはずです。ハワイの人口は約一三〇万人ほどですが、そのうち約二割が日系人と言われています。最近、移り住んだ人もいますが、一八六八（慶応四）年四月に日本から契約労働移民がハワイに着いたのを皮切りに、移民として太平洋を渡った人たちがいて（県別に見ると熊本、広島、沖縄などからの移民が多い）、その人たちの子孫も大勢います。

移民した人たちには、それぞれに事情があり、経済的な理由でハワイ移民に申し込んだ人たちなど、本意ならず渡った人たちもいたかもしれません。

４　グローバル化時代に旅すること

時間・空間を大きくまたいで「旅とは何か」を振り返ってきましたが、そろそろ現在に戻ってきま

Bon voyage!

しょう。これまで述べてきた時代に比べると、今の私たちには旅を支える仕組みが十分すぎるくらいに整っています。交通手段、ホテル、クレジットカード、インターネットによる予約・発券システムなどに加え、テレビやインターネット等での旅情報や動画などへのアクセスも容易です。世界遺産の地に、行ったことはなくても、写真を見ればどこだか大体わかる人が少なくありません。現代人にとって、リアルな旅はもはや未知との出会いではなく、既知の情報の「確認」になっているのかもしれません。それは素晴らしいことなのでしょうか。大きな落とし穴がそこにある、気を付けて、というのが私たちの国際学の「学び」からのメッセージです。ある情報に光が当てられれば当てられるほど、その影に潜む多くの真実が〝目くらまし〟に遭って見えなくなってしまうからです。旅先にどんな未知の世界や、書かれない歴史があるのかと期待して出る旅のほうが、既知の情報の「確認」のための旅よりずっと豊かなものになると思いませんか？

もう一つ注意して欲しいことがあります。国境を越える観光客数は年間一〇億人にも上ると言われていますが、この一〇億という数字は、旅する自由を獲得できた一部の国の一部の人たちで構成されているということです。世界には国交が結ばれていないために訪問できない国や、戦争のために国外に出られない国、査証の取得に法外な金額や手続きが課される国が少なくありません。日本は旅の制約がとても少ない国の一つなので、私たちはそのことになかなか気づくことができないのです。

旅は、旅の数だけ（つまり旅をした人の数だけ）いろいろな形があります。でも、その旅への思いは、案外共通しているかもしれません。カヌーを使って太平洋の島々を渡った古《いにしえ》のオーストロネシア人も、観光でハワイに向かう私たちも、自分を変えたいと願う気持ちが、旅へと駆り立てられてきたのです。それなら、あなたも、あなた自身の旅の方法を変えてみることから始めてみませんか？「太平洋」という座標軸と、素直な五感と好奇心を携えて、私たちの国際学の「学び」と共に、自分だけの旅を見つけて欲しいと思います。

人生という長い航海へ、**Bon voyage！**（ボンボヤージュ、いい旅を！）

（海津ゆりえ・本浜秀彦）

参考文献

前田勇編『現代観光総論――改訂新版』（学文社、二〇一〇）

網野善彦『「日本」とは何か』（「日本の歴史00」講談社、二〇〇〇）

ヘロドトス『歴史』(青木譲訳、講談社、一九六八)
黒潮文化の会『黒潮列島の古代文化』(角川選書93、一九六八)
石森秀三編『南太平洋の文化遺産――国立民族学博物館ジョージ・ブラウン・コレクション』(財団法人千里文化財団、一九九九)
国立民族学博物館『オセアニア――海の人類大移動』(昭和堂、二〇〇七)
新城常三『庶民と旅の歴史』(NHKブックス、一九七一)

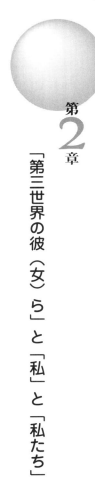

第2章 「第三世界の彼（女）ら」と「私」と「私たち」

1 「第三世界」という世界観

豊かさと貧しさ（なぜ所得が問題なのか？）

豊かさと貧しさについて議論するときに、よく「所得」を物差しとして使います。一方、「所得」で豊かさや貧しさを測ることはできないということを主張する人もいます。本当はどちらでしょう？物差しとして使われる「所得」とは、ここでは個人所得や企業所得のことではなく、普通一年間の国民全体の所得つまり国民が働いで稼いだお金の総額のことで、「国民所得（ＮＩ＝national income）」と言われています。ＮＩの値を国民人口で割ると、一人当たりのＮＩ（国民一人の平均の所得）となります。稼いだお金というのは、何かモノを生産したりサービスを提供したりすることによって生み出されたお金ですが、これは一年間に国民が生産して新たにつけ加えた価値（「付加価値」）の総計と考えることができます。したがって国民が生産したもの（国民総生産＝ＧＮＰ）と国民が得たもの（国民総所得）は基本的に同じです。世の中にさまざまなモノやサービスが出回り増えていく、自分が稼いだお金でさまざまなサービスやモノを買うことができることによって社会が豊かになる、というのは生活実感としてわかるでしょう。

ここで、国民所得として物差しとなるのは基本的に売買されるサービスやモノです。価値は「市場価格」で表示されています。売買が行われる場所のことをマーケット＝市場《しじょう》と言います。現在ではインターネット上も多くの取引が行われる市場になっています。そして売り手と買い手が交渉して価格が決定し、その価格で市場に出回るモノやサービスの量も決まります。誰が命令したり、計画したりするのでもなく、何がどれだけ生産されるかが自動的に決定されるという極めて便利な仕組みが市場なのです。この市場経済が資本主義経済の基本をなすと考えるのが、近代経済学です。詳しくは経済学の基礎教材を通じて確認してみてください。

もちろん、私たちの生活を支えるモノやサービスは市場で取引されるものばかりではありません。コンビニで買うおにぎりは市場で取引されていますが、お母さんが作ってくれたおむすびは取引されていません。後者は、基本的には国民総生産＝国民総所得の中には入ってきません。[1] したがって取引されたモノやサービスの価値（＝市場価格）だけで総生産や総所得を測るのはおかしいではないかという意見は当然あります。たとえば教師はボランティアで生徒を教えることもできるし、生徒は無償で授業を受けることもできる。その教師にたとえば農家はタダで食糧を提供する、などというやり方がつながっていけば、国民総生産の外側で豊かな生活が可能になるかもしれません。

しかし、これには限界があります。現在の複雑な社会で必要とされている多種多様なモノやサービスの大部分をこのように市場外で生産、流通、消費することは不可能です。

かつて一九七〇年代、カンボジアの共産主義ポルポト政権は市場やお金（貨幣）を廃止して理想の共産主義社会を創ろうとしました。多種多様なモノやサービスの供給（貨幣経済）を否定し、独裁者の命令のもとに国民は人民服を着せられ都市的な消費生活を一切否定され、全員が農作業に従事すること（農本主義）を強制されました。その結果、四年間で数百万人の虐殺と餓死を生んで社会の壊滅に終わりました。現実的な実行可能性を無視した理想主義の独裁思想ほど恐ろしいものはないのです。これはフランス革命時の恐怖政治以降の人類への教訓です。市場経済をすべて否定することではなく、市場取引と市場外取引の間にある矛盾点をどのように解決していくのかが課題なのです。

所得における貧富の格差

所得における貧富の格差は一国の中にも、また国をまたがっても存在します。国ごとの一人当たり国民総所得の格差を見てみましょう。**図1**は世界で最も豊かな国と最も貧しい国の比較です。図を見ればわかるように格差は桁違いに大きく、貧しい国々の数字はほとんどグラフになりません。これでは見にくいので所得の目盛を一〇の累乗とした「対数グラフ」に代えてみたのが**図2**です。

日本や他の先進国では「もうこれ以上豊かにならなくても…」という意見を聞きます。たしかに日本の一人当たり国民総所得の約三万七〇〇〇ドルが、米国並みの四万三〇〇〇ドルになったからとい

図１　豊かな国と貧しい国（国民総所得2002～2011年平均ドル）

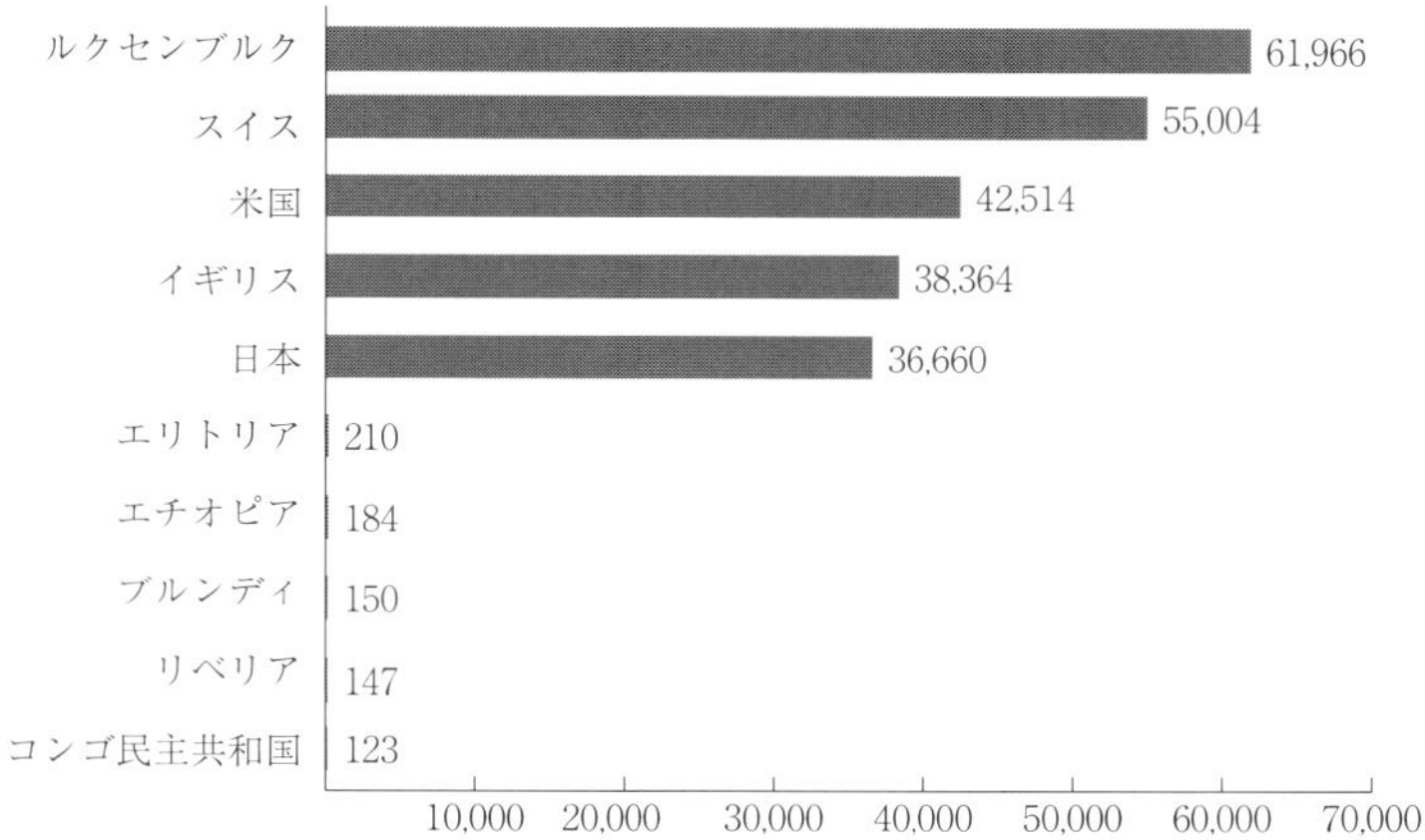

出典：世界銀行データベースより筆者（林）作成。

図２　豊かな国と貧しい国（国民総所得2002～2011年平均ドル対数表示）

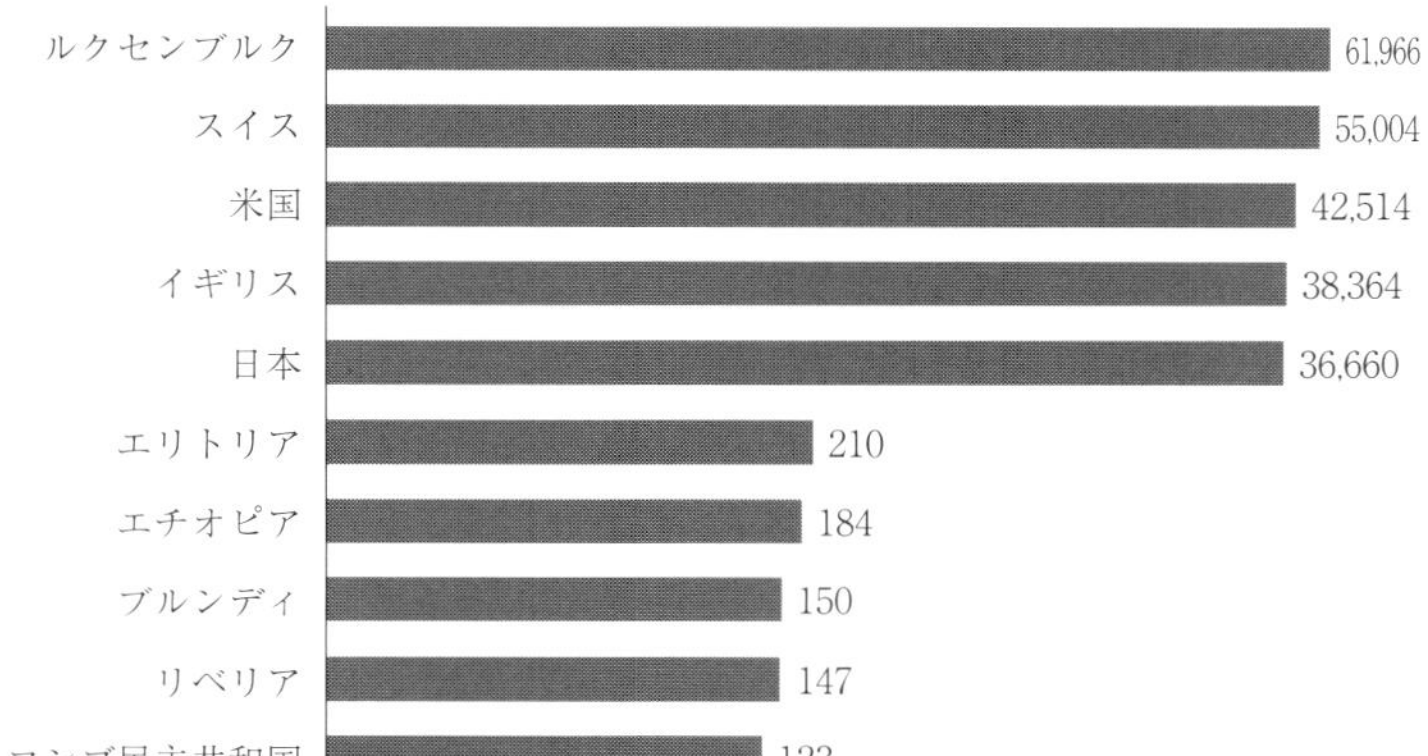

出典：同上。

って、生活実感ではあまり大きな差がないかもしれません。これ以上所得が増えることよりは環境や落ち着いた昔ながらの生活を大事にしたい、という意見はわかります。しかし、日本のような先進国と、国民所得が一〇〇～三〇〇ドルの最も貧しい国、その中間の三〇〇〇～四〇〇〇ドルの国とを比較した場合には歴然とした生活レベルの差を見ることができます。[2] 三〇〇ドル以下の国では、人口の大半が一日一・二五ドル以下[3]で生活することを余儀なくされています。こうした人々の多くが学校教育や保健医療を利用することができず、不十分な栄養と不完全な住居・衣服という劣悪な環境のもとで暮らしています。

データを見てみましょう。まず、どれだけ長く生きることができるかという指標で標準的に使われているのが、「出生時平均余命」[4]です。図3は所得と出生時平均余命との関係を示しています。明らかに所得が高いほど（横軸の右側）、長く生きられること（縦軸の上側）が示されています。

図3で見ると、所得が一〇〇～三〇〇ドルの場合、出生時平均余命は五〇歳代前半の国が多いです。これは、栄養状態や衛生状態が劣悪であること、医療が不十分なこと、感染症の予防対策が十分でないことなどさまざまな理由によるものです。

次に教育を見てみましょう。教育の水準を示す指標の一つとして通常使われるのは、字が読めるかどうかという「識字率」です（図4）。識字率についても同じように、所得が高いほど（横軸の右側）高く（縦軸の上側）、低いほど（横軸の左側）低い（縦軸の下側）という関係が見て取れます。日本やその他の先進国の識字率はほぼ一〇〇％ですが、所得が一〇〇～五〇〇ドルの国々中には二〇～三〇％台の国がいくつかあります。所得との関係はやや複雑です。というのは、貧しいから学校にいけ

図３　所得（横軸2002～2011年平均ドル対数表示）と出生時平均余命（縦軸2002～2011年平均年数）

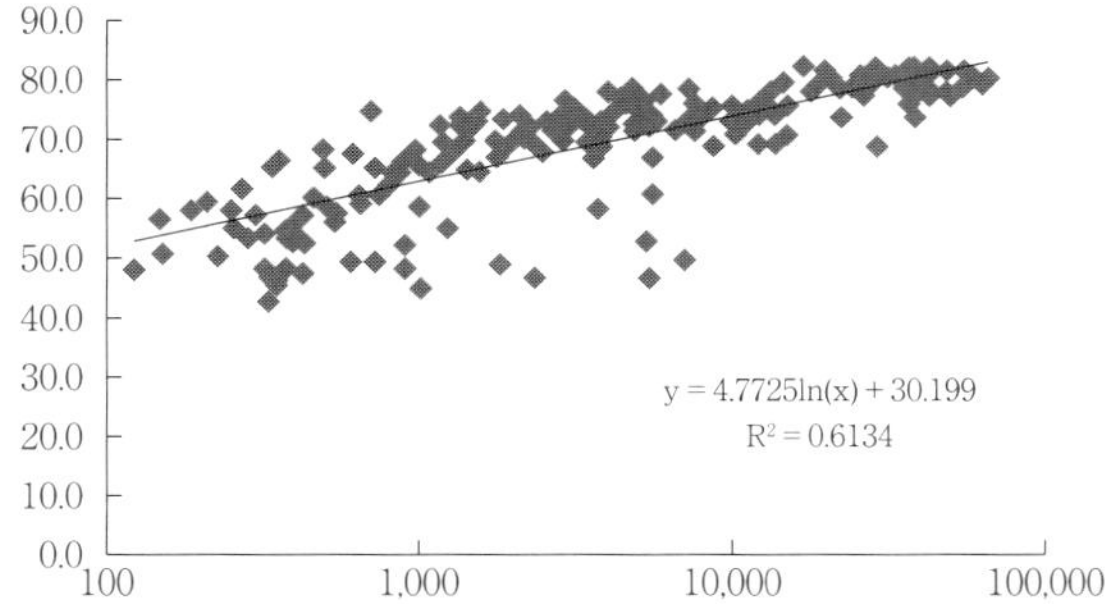

出典：同上。

図４　所得（横軸2002～2011年平均ドル対数表示）と識字率（縦軸2002～2011年平均パーセント）

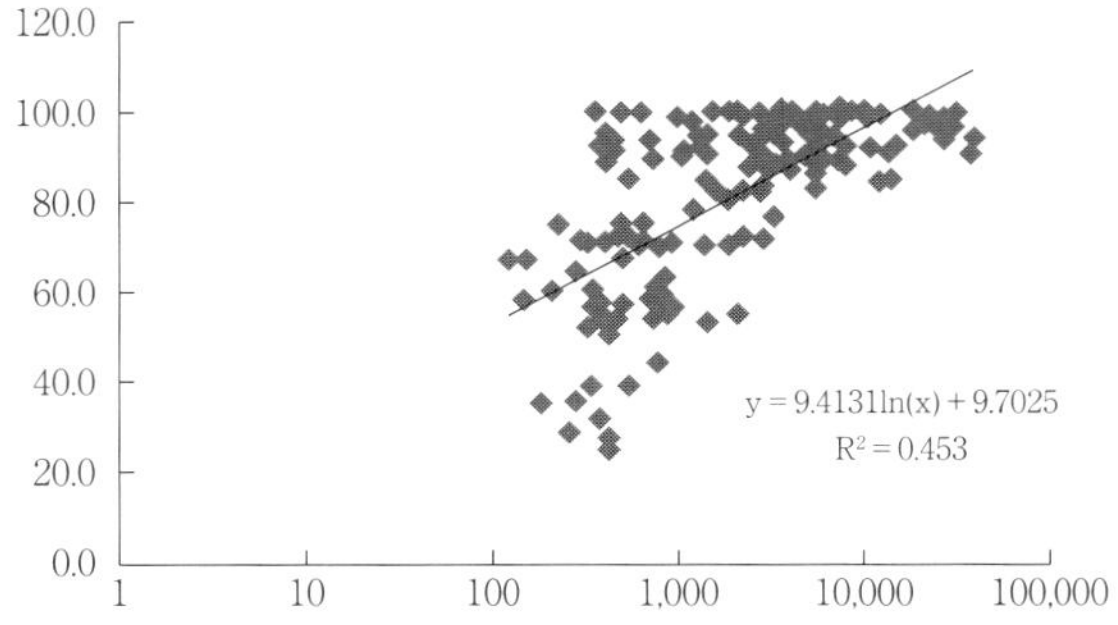

出典：同上。

ないという問題と、学校に行っていないから貧しいという問題との二つの因果関係があるからです。しかし、貧しい国々では概して教育も遅れていて、学校に行けないのです。教育を例に取って、所得との関係をもう少し考えてみましょう。

なぜ貧しい国では教育の水準が低いのか？

社会の仕組みをもう少し考えてみましょう。モノやサービスを生産、販売するのは企業や会社などのビジネス活動です。一方、個人あるいは消費者は、そのような企業に勤めたり、生産活動に従事したりして給料や報酬などの所得を得ます。また、その所得でモノやサービスを購入します。そして企業やビジネス活動から得た利益、あるいは個人が得た所得には税金がかかります。消費税（付加価値税）のようにモノやサービスの消費に課される税金もあります。その関係を「企業」「家計」「政府」と単純にしたものが図5です。さて、教育を考えましょう。義務教育などは普通、国家が行いますので、その費用は税金によって賄われます。その税金は企業や家計が負担しています。私立学校のように国によるものではない教育もありますが、その場合には家計によって支払われる授業料で成り立っています。どちらの場合でも、教育を究極的に支えているのは企業の利益や家計の所得、あるいは市場での取引です。所得の低い国で教育の発展レベルが低いのは、教育を支える所得が少ないからで、それは究極的には経済活動が活発でないからです。保健や医療、あるいは道路の建設、維持についても同じことが言えます。

もちろん、所得が比較的低くても教育や保健医療が充実している国もあります。またその逆もあります。これは、政府が少ない歳入（国家の収入）からどれだけ多くのお金（歳出）をこれらの国民の福祉に直結した分野に使っているかに拠ります。また、一つの国の所得とは別に、一人当たりの所得の格差の問題があります。貧しいなりに、国民の間の格差是正に気を配り、教育や保健衛生に力を入れる国は、そのうち徐々に経済発展を促し、結果として教育や保健衛生に回せるお金が増えていく可能性もあります。一方、権力者が自分の贅沢のために国の予算を浪費してしまったりするような国ではこういうわけにはいきません。この意味で、国民が政府に対して声を上げることができること、つまり民主主義が重要となるのです。発展して豊かになった国では概ね民主主義が機能しています。ただし、民主化が先なのか、経済発展が先なのかについては議論が分かれています。

図5　企業、家計、政府の関係

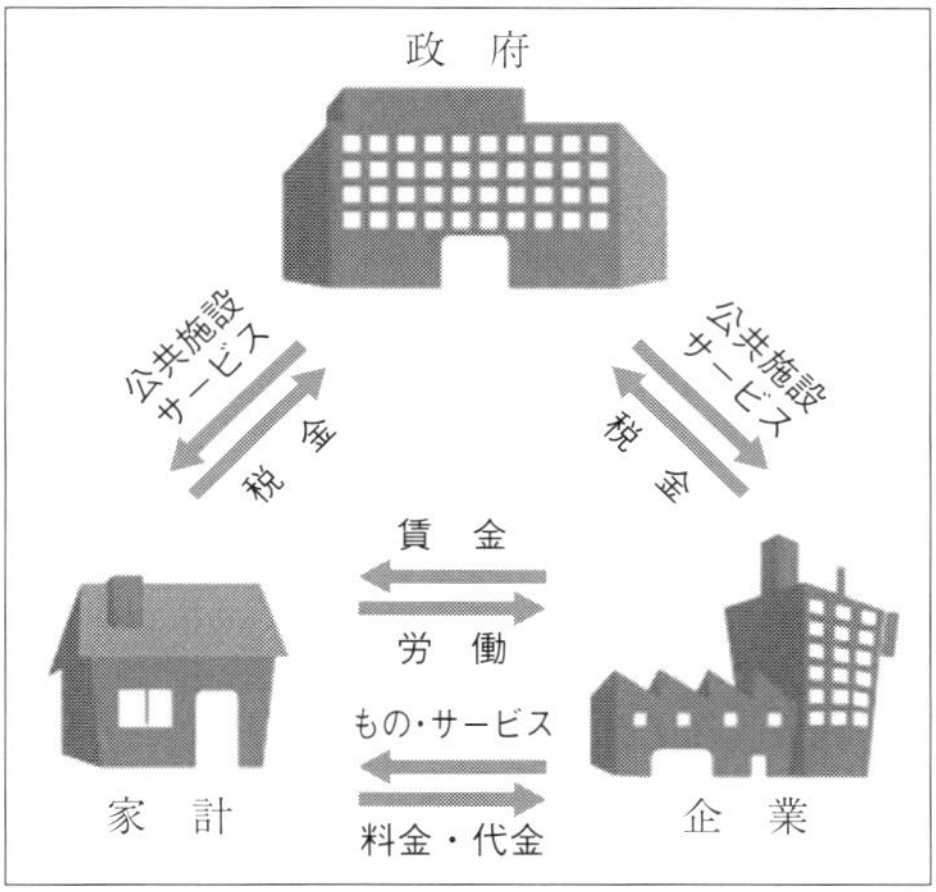

出典：金融庁ホームページ。
http://www.fsa.go.jp/fukukyouzai/nyuumon/01_01.html

なぜ豊かな国と貧しい国が生まれたのか？

そもそもなぜ豊かな国と貧しい国が生まれたのでしょうか？　一五世紀くらいまでは世界各国の間に、今に見られるような大きな所得格差はありませんでした。有名なマルコ・

ポーロの『東方見聞録』は一三世紀末のアジアの豊かさ、とくに中国の繁栄や、黄金の国「ジパング」について報告しています。アラブ人イブン・バトゥータの一四世紀の旅行記はマリ帝国の交易都市トゥンブクトゥのようなアフリカの豊かさを記録に残しています。ヨーロッパのアジア・アフリカ・中南米進出は一五世紀末から本格化しますが、これは東洋で発明された羅針盤や火薬などの技術を軍事転用したことが大きいとされています。ヨーロッパは当時戦乱が絶えなかったので、新技術が軍事に利用されることが多く、火薬は破壊力の大きな武器として使われるようになりました。一方、中国は比較的平和だったので、火薬については花火くらいしかとりあえずの用途がなかったようです（ウィリアム・H・マクニール、二〇一四）。

ヨーロッパの経済的優位が決定的になるのは、一八世紀後半から一九世紀初頭の産業革命で生産技術が飛躍的に進歩したことによるところが大きいです。物量の面でヨーロッパが他の地域を圧倒します。そして他の地域はヨーロッパに対して安く原材料を提供し、製品を高く買わされる「不等価交換」を強いられることになっていきます。図6は中国とインドの世界の総生産に占める割合ですが、一九世紀初頭までは両地域で世界の総生産の半分近くを占めていました。これは当時の人口の割合とほぼ等しいものです。ヨーロッパの産業革命の特徴は、石炭や石油などの化石燃料を、蒸気機関や内燃機関その他の熱源・動力源・原料とすることによって生産や輸送を飛躍的に増大させたところにあります。化石燃料を使用することによって、これまでにない量の生産が可能になりました。最初にイギリスで、続いて欧米諸国と日本で化石燃料を使用する技術が普及し、生産が飛躍的に増大しました。そしてこれが所得の差となっていったのです。

図６　中国とインドの世界の総生産に占める割合

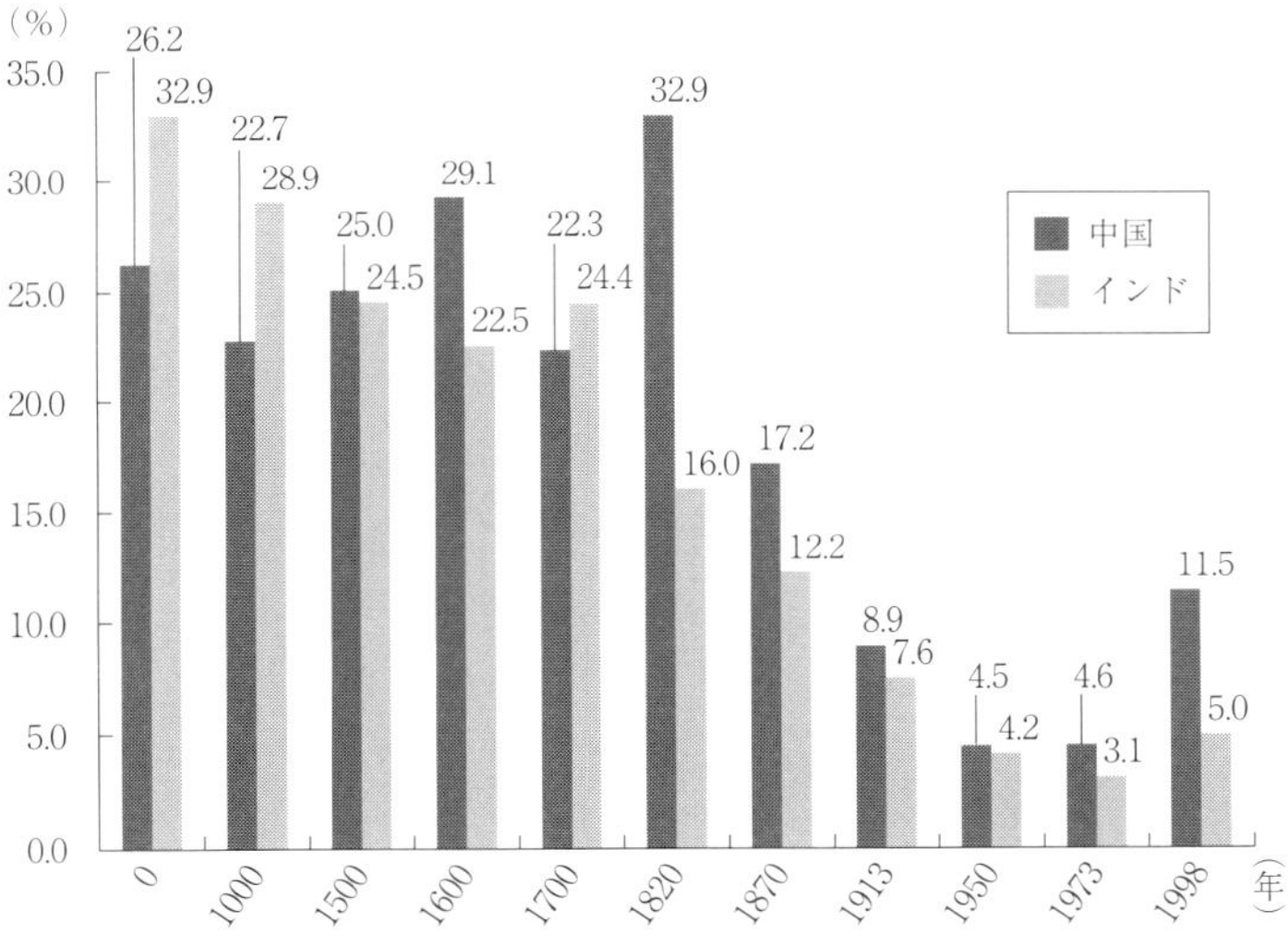

出典：Angus Maddison, *The World Economy: A Millenniun Perspective*, OECD, 2001 より筆者（林）作成。

二〇世紀後半までの先進国、途上国の差は、ほぼ一人当たりの化石燃料消費の差に対応していました。経済発展で潤沢な資金を手に入れた欧米や日本はその資金でさらに機械設備やそれを動かす化石燃料を大量に購入することができました。技術に加えて資本（お金）の差は克服しがたい壁のように存在していました。今でいう途上国は先進国になかなか追いつけなかったのです。ヨーロッパ勢力が植民地を支配し、産業のための原料の供給と自国製品の販売先の確保に競い出してからは、アジア、アフリカ、中南米などの国々はヨーロッパに対して、先に触れたような「不等価交換」を強いられるようになります。第二次世界大戦後、アジア、アフリカの植民地は政治的に独立していきますが、経済的な従属関係はほとんど解消しませんでした。そのような中から、欧米や日本など世界を支配する先進資本主義圏の「第一世界」、先進資本主義圏に対抗する社会主義圏の「第二世界」、そして先進資本主義圏によって支配される途上国（旧植民地・従属国）である「第三世界」という言葉が生まれたのです。(5) 北半球の先進資本主義諸国と、南半球の途上諸国の間の経済格差による政治的・経済的問題は、「南北問題」と総称されてきました。

2 「第三世界の終焉」

変化する国際秩序にどう対応するのか

もっとも、「第三世界」という言葉が生まれた当時から、途上国の置かれた環境やそれぞれの発展戦略は多様でした。途上国の貧困を植民地時代から続く支配従属関係や経済的な不等価交換のせいだけにすることはできません。**図7**は韓国とガーナの一九六〇年以降の一人当たり国民総所得を比較したものです。ガーナはアフリカで最初に独立した国であり（一九五七年）、初代大統領クワメ・ンクルマのもとで、政治的、経済的自立に取り組みました。当時のガーナはイギリス植民地時代に建設された道路など立派なインフラが残っており、有名な経済学者を顧問として招いたりして、途上国開発のチャンピオンのような存在でした。韓国よりも所得は高く、前途に大きな期待がありました。一方の韓国は、その頃、朝鮮戦争（一九五〇～五三年）の傷跡がまだ残っていました。

ところが、その後、米国や日本の援助のもと、韓国は急速に経済発展をしますが、ガーナは停滞し

図７　韓国とガーナの１人当たり国民総所得（縦軸ドル対数目盛）

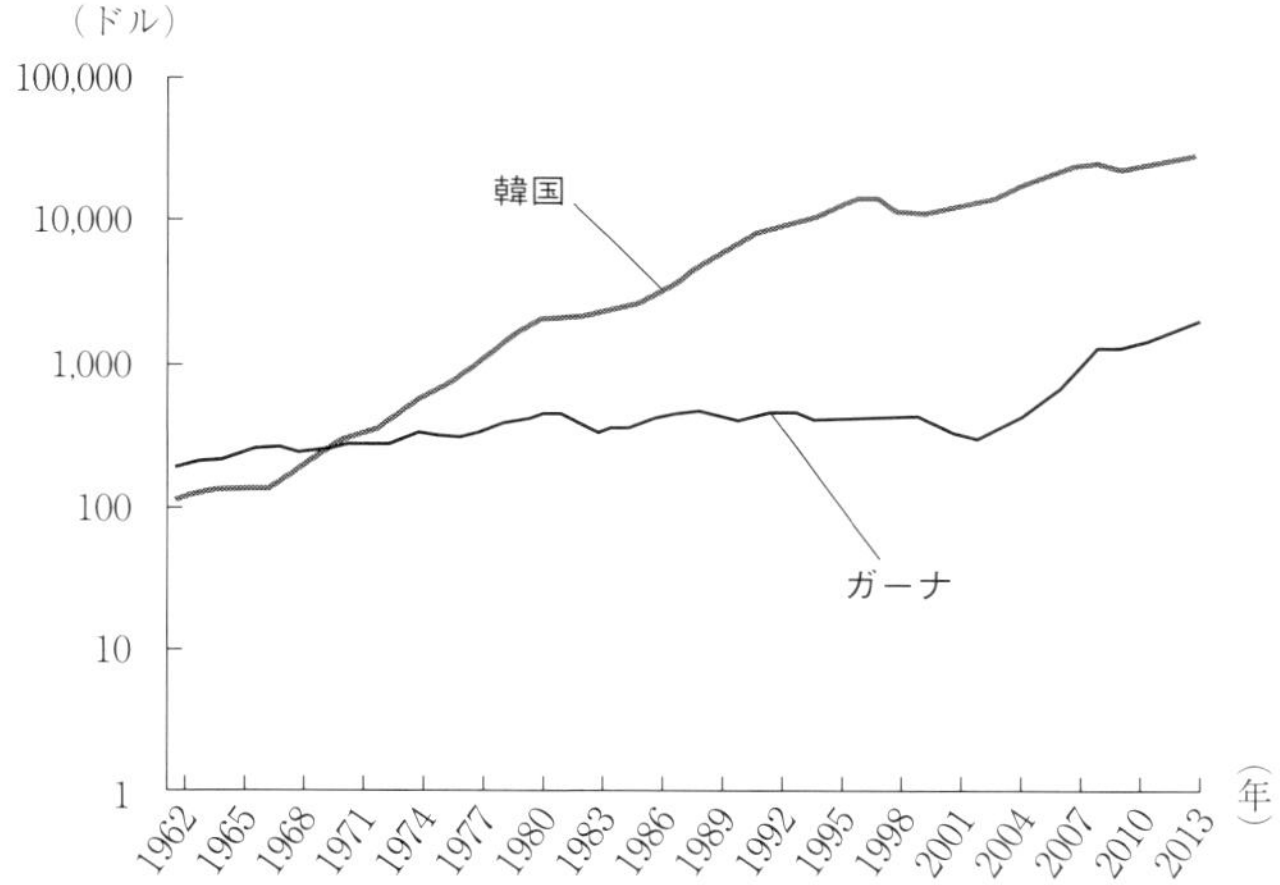

出典：世界銀行データベースより筆者（林）作成（所得データはアトラス方式）。

ます。ンクルマ大統領は、先進資本主義国による経済支配を避けるべく社会主義政策を進め、外交的にも当時のソ連や中国に接近します。しかし、結局は経済停滞を招き、一九六六年にクーデターで追放されてしまいます。これに対して、一九七〇年代の軍事独裁政権時代から八〇年代後半以降の民主政権の現在に至るまでの韓国の経済発展には目覚ましいものがあります。韓国の場合には比較的小さな国であることから、工業化して製品を輸出することに重点を置いてきました。このような政策の中から、「現代《ヒュンダイ》」や「三星《サムスン》」のような企業グループが育ってきました。

ガーナのような新しく独立した国々が経済的に自立し発展するために必要なのは資本や技術であって、それらは旧植民地の宗主国でもあった先進工業国側が提供すべきものとの考え方から、「援助」という仕組みが一九五〇年代に出来上がりました。援助が本格化するのはアジア、アフリカの国々が独立した一九六〇年代以降になります。国連の場でも、先進諸国が国民総生産の〇・七％相当の金額を援助に振り向けるべきであるという方針が何回も確認されています。これに従って、先進国は二国間プログラムに基づいて、あるいは国際機関を通じて援助を実施してきました。韓国もガーナも多額の援助の受け手でした。その意味では、たしかに「第三世界」という実態はあったと言うべきでしょう。[6]

こうした南北間の国際関係が変化し出すのは一九七〇年代からです。その象徴は一九七三年の第一次石油ショックです。資源を領内に持つ途上国が先進国資本による資源の支配に異を唱え、「資源主権」や「新しい国際秩序（ＮＩＥＯ＝New International Economic Order）」を主張しはじめたのです。一方で資源の乏しい途上国は、資源価格の高騰で苦境に追いやられます。資源の有無で「第三世界」は分断されるようになりました。後述するように、「第四世界」などという見方も出てきました。

さらに重大な変化は一九九〇年代の後半に、技術革新や規制緩和などにより、ヒト、モノ、カネ、情報の移動と流通が激増し、世界の市場が結びつくようになったことです。九一年のソ連邦の崩壊により社会主義圏（「第二世界」）がなくなったことで、二〇億人近い人々が市場を通じて世界と結びつくようになりました。これが「グローバリゼーション」の一面です。国境を越えてさまざまなビジネス活動が展開し、製品価格も賃金も、どんどん世界レベルで均一化、平均化するようになりました。二〇年前、日本人とインド人の専門家の間には一〇〜二〇倍の報酬の格差がありました。日本人の報酬のほうが高かったのです。現在ではこの差はどんどん縮まっています。国籍ではなく実力で評価されるようになってきていて、世界一流レベルの仕事に関しては、国籍の差はもはやほとんど存在しません。サッカーや野球を見ればわかります。一流選手の年収は桁違いですが、その報酬に見合う利益を生み出していると雇用主が判断すれば、どんどん高い年俸を提供するようになっています。

同時に未熟練労働の賃金も、世界的に低いレベルでどんどん平均化されるようになりました。日本で問題になっている「格差」や「非正規雇用化」というのは、熟練を必要としない労働の賃金がどんどん世界平均に近づく流れの一部です。米国ではこうした超格差社会に反対する人々によってウォールストリート占拠運動が起こりました。たしかに米国のとくに金融業界の賃金格差は常軌を逸しているのかもしれません。しかし前に戻れば問題は解決するというものでもありません。たとえば日本のようなかつての先進国の「中流社会」というものは「国境、国籍などで守られた既得権の別天地」という側面もあったのではないでしょうか。だとすれば、グローバリゼーション以前の世界のほうが公正だったとはとても言えないのです。もちろんグローバリゼーション以降の世界のほうが公正であるとも言えません。

二〇一〇年四月に当時の世界銀行のゼーリック総裁が「第三世界の終焉」というスピーチを行って注目されました。注目された理由の一つは、あまり使われなくなっていた「第三世界」と言葉がヘッドラインに躍り出たこともあったと思います。ゼーリック氏は新興諸国の台頭によって、先進国を中心に構成されてきた世界秩序が根本的に変わりつつあること、新興諸国、途上国を含めた世界的な国際協調が問題対処のために必要であることを強調しました。そのうえで、「途上国の輸入は危機以前の最高値を二％上回っているのに、高所得国のそれは一九％も下回っている」「アジアの株式市場の時価総額は世界全体の三二％に達し、米国の三〇％、欧州の二五％を凌駕している」などの具体例を挙げて、今やインド、中国などの新興諸国は市場として世界経済の不可欠な部分になっていることを指摘しています。また中東諸国は資金供給者としての位置を確立していること、アフリカも成長が著しいことに触れ、アフリカの人口の八〇％を占める一日二ドル未満で暮らす貧困層が基本的な消費財を購入できるだけの収入を得られるようになれば、生産、消費の両面でアフリカが大きな市場になりうる可能性があるとも述べています。もちろん、どのようにそれを実現するかが課題です。

このスピーチのハイライトは、二〇〇八年のリーマンショック(7)の余韻が冷めやらぬ中で行われたものですが、こうした発言は、先進国だけでなくインドや中国、ブラジルといった新興国を含むG20(8)の登場によって初めて可能になったことを踏まえてのものです。もはや世界を先進国－途上国、援助国－被援助国といった伝統的な枠組みで捉えることはできなくなってきています。ゼーリック氏は「一九八九年が社会主義圏の崩壊で『第二世界』の終焉を意味するならば、二〇〇九年は『第三世界』の終焉の年とすべきである」とさえ述べているのです。

その後の国際秩序は、基本的変化のスピードを加速しています。世界の構造は複雑化し、二〇世紀を通じて形成されてきた「国民国家」が崩壊する、あるいは「国民国家」にはもはやその実態が失われ虚構性が明白になっているといった事例も、ソマリア、イラク、シリア、ナイジェリア、リビア、ウクライナなどで続出しています。イスラム過激派組織アルカイダなどのテロリスト集団は国家ではありません。一方、国連やその他の国際機関は主権を持った国家で構成されています。国際秩序を担う国際社会が、世界で現在発生している数々の問題に対応できなくなっているのはこのためです。「イスラム国」のように国家のような実態を有する過激派組織も出てきています。

持続可能な世界秩序をどのように形づくるのか

現在、国際秩序そのものが揺らいでいる状況です。また、適切な統治がなされていない多くの国々を中心に広がる貧困や不平等、人権抑圧は、先進国も含めて深刻な問題です。

途上国の開発、貧困削減に関しては、前述のように、これまでは資金と技術の供給がその援助の中核とされてきました。しかし、近年、援助の出し手が先進国であることについては、とうに自明ではなくなっています。中国は、先進国に代わる資金供給者に成長してきており、二〇一四年現在、新たな国際金融機関を創設する方向に動いています。中国の援助の方針は、環境や人権に配慮してきた先進国、国際機関の援助とは異なり、相互の経済的利益を重視するものです。西欧先進国の「人権や民主主義の押しつけ」に「辟易」してきた途上国の中から、中国の援助を歓迎する声があるのは不思議ではありませんが、こうした動きはこれまでの国際秩序（人権・法治・民主制の原則）を揺るがす大きな要因ともなるもので、そのインパクトが懸念されます。

このような国際秩序の関係変化に加えて、もう一つ、国際社会の安定を脅やかす懸念要因となるのが、資源・エネルギー問題です。化石燃料の使用は、人間が使用できる他の資源の量を拡大してきました。産業革命以前までは食糧供給による「人口の天井（上限）」が存在しましたが、機械力の使用、化学肥料の使用とともに、長距離輸送などによる化石燃料の使用は、世界の食糧供給を急速に増やし、人口増を可能にさせました（図８）。産業革命以前に五〜六億人であった世界人口は二〇世紀初頭には一〇億人、一九六〇年代には三〇億人、そして現在は七一億人になっています。また、化石燃料の使用は、大量破壊兵器の開発によって戦争の被害も増やしましたが、人間の歴史とともに存在してき

図８　人口と化石燃料使用量

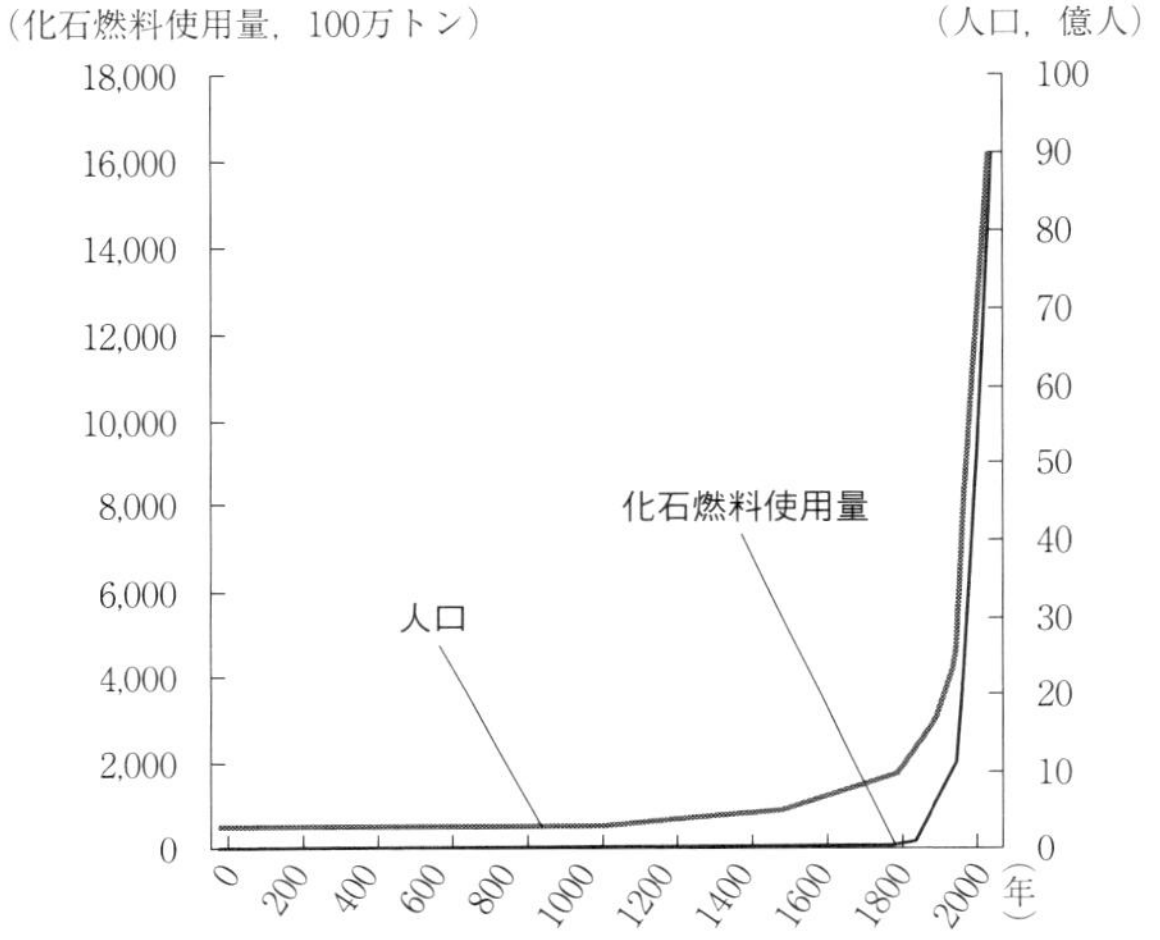

出典：筆者（林）作成。

た部族間の水争いや食糧争奪戦などの日常的な争いを減らしました。化石燃料の使用に伴うポンプの導入によって利用可能な水資源が増え、危険な水争いよりも水利開発への投資のほうが合理的な選択になったのです。

イスラエルの戦争研究者A・ガット（二〇一二）は、暴力による人間の死亡率は過去数百万年にわたって、両大戦のような事件にもかかわらず減少していると分析しています。しかし、もし、今後、化石燃料が枯渇していけば、これまでの前提はすべて崩れます。最近のシェールガスの実用化で一〇〇年以上の単位で化石燃料の枯渇は避けられたという見方もありますが、人類の歴史から見ればどんなに長くてもたかだか数百年のカンフル剤にすぎません。長期的には資源が枯渇する過程で、資源の取り合いによる国際的な大変動、動乱が起こる可能性が高いと言えます。原子力発電の危険性に関しては大きく議論されており、筆者たちも原子力発電のリスクについてはもちろん否定しませんが、化石燃料の枯渇は国際社会の秩序を崩壊させるという意味で、より大きなリスクになる可能性があります。ピークオイル論やポストピークオイル論、代替エネルギー（自然エネルギー）論の展開に注目していきましょう。

産業革命以降の近代社会の経済発展は「化石燃料」に支えられたバブルだったのかもしれません。資源のあるうちに、人口や経済を減少、縮小させながらソフトランディングを図っていくことが唯一可能な方向性だと思います。しかし、それを世界的にどのように合意し、どのように実行していくかについて具体的方策はまったく見通せません。日本は人口が減少過程に入っており、「課題先進国」と言われていますが、年金や財政を人口が減少していく中でどのように維持していくか、それができるのか先がまったく見通せない状況です。

国際秩序の安定化、およびその前提でもあり結果でもある貧困の削減、不平等（格差）の解消が依然として世界の直面する大きな課題です。その克服のために一人当たりの国民総所得の向上が必要なことも現実です。これらの課題を、利用な資源が縮小する中で、あるいは少なくとも拡大を見込めない（見込むべきではない）状況の中で克服していくという難問が突きつけられているのです。シェールガスの利用可能性の増大によって何とか手にした余裕時間を、「持続可能な社会の実現こそ真のグローバルな課題である」という世界的コンセンサスの形成のために、そして実行可能な政策の立案のために集中すべきでしょう。また、個別の国益や企業・業界の利益から自由な政策形成、国際的合意もなされなければなりませんが、それを可能とする唯一の方法は、国家を離れた自由な地球市民がグローバルな視点から方策を考え、政策提言することです。市民の力で各国の官僚組織から政策形成手続きを「手に入れる」ことが重要です。そのためには地球市民社会レベルの問題解決能力の向上が不可欠です。実行可能性に乏しい空理空論やイデオロギーに囚われていては、簡単に足をすくわれてしまうでしょう。もはや私たちには、ナショナリズムをもてあそんだり、狭いグループのアイデンティティに囚われたりしている余裕はないのです。

「彼（女）ら」と「私」はどうつながっているのか

上記の通り、資源の有無や政治のあり方などによって、戦後、「第三世界」の国々は異なる道を進んできました。このため、もはや「第三世界」＝「途上国」というように一様に括ることができなくなり、一九八〇年代には、中東産油国やＮＩＥｓのような新興工業国と、経済的発展の遅れているサハラ以南のアフリカや南アジアのような後発途上国（ＬＬＤＣ＝least less developed countries）とに分化していきました。

後発途上国は「第三世界」の中でも遅れた国々として「第四世界」と呼ばれることもあります。あるいは「第三世界」の内部でも、工業化や近代化の進展とともに先進地域・後進地域の格差が大きくなったことで、後者の最貧地域を「第四世界」と呼ぶこともあります。こうした地域では、世界秩序の関係の中でさまざまなひずみが生み出されています。人々は往々にして政治の中心と周辺、都市と農村、お金や情報を持つ者と持たない者、多数民族と少数民族といった力関係の中に置かれ、さながら一国内における「世界システム」の縮図の中に生きています。

グローバリゼーション下を生きる私たちは、このひずみと決して無関係ではありません。以下では一例として、アブラヤシという植物資源と私たちとのつながりについて考えてみます。

アブラヤシから採れるパーム油は、廉価に製造できる植物油脂であるゆえ、植物油や外食産業の揚げ油、チョコレートやポテトチップス、カップラーメンやアイスクリームの原料といった多くの加工食品に使われている他、石鹸や洗剤、口紅の原料などにも使用されていて、私たちの日常に溶け込んでいます。加えて、地球温暖化対策や原油価格の高騰などから脱化石燃料の動きが強まる中で、パーム油はバイオ・ディーゼル（生物由来油から作られるディーゼルエンジン用燃料）として急速に世界の注目を集めています。二〇〇四年には、パーム油生産量は、大豆油を抜いて植物由来の油の中では世界最大の生産量を誇っています。

アブラヤシ栽培が急速に拡大しているのが、東南アジア、とりわけマレーシアとインドネシアで、この二カ国だけで全世界の生産量の約八割を占めています。両国政府は、アブラヤシの栽培と生産を国の重要施策として掲げています。加えて、世界銀行の傘下にある国際金融公社も、農村部での貧困削減プログラムの一環としてアブラヤシ栽培起業への融資を進めています。このように、アブラヤシ栽培の拡大を支持する声はグローバルなレベルでも大きく広がってきていると言えます。

一方、環境問題や先住民族問題を扱う国際ＮＧＯや地元の市民グループの人たちは、「天然林が一気にアブラヤシの単一農園に化け、オランウータンなどの希少動物が死んでいく」と主張し、森林破壊や生物多様性消失、農薬による土壌汚染、少数民族の生存権侵害、新たな経済格差の拡大といった諸問題の元凶としてアブラヤシ農園の急拡大を厳しく批判しています。こうした批判に対し、農園拡大を推進する企業や企業連合、そして当該政府は、アブラヤシ栽培の重要性をさまざまな点から前面化し、正当化しようとしています。雇用機会創出、貧困削減、地域経済活性化、インフラ整備、貿易黒字といった経済的インパクトだけでなく、食糧安全保障やエネルギー安全保障、あるいはアブラヤシ栽培が環境保護に貢献するという意味での環境安全保障の観点からその重要性を強調するという議論です。

「彼（女）ら」と「私」から、同じ時代を共に生きる「私たち」へ

このような正当化の声はとても強大な力を持っており、「アブラヤシ農園の拡大を批判的に捉え、そこから生じる諸問題を自治体や中央政府、そして国際社会に訴えかけている勢力は、学生を中心とした『私たち』地元の青年たちしかいないと言ってよい」と述べているインドネシア政治研究者もいます（岡本、二〇一四）。みなさんは上で記したこと、インドネシアの農村で起きていることをどのように受け止めますか？ 行ったことも、見たこともない国の片田舎で起きている「彼（女）ら」の問題を「私」とは関係のない問題だと思ってはいませんか？ たしかに、これを他人事ではなく、自分事として捉えられる人はそう多くありません。途上国から入る安価なモノを享受している日本の私たちですが、それを作っている現場にどのような人がいて、どのような生き方をしているのかまで気にかける／思いを馳せることはあまりないでしょう。実際、グローバリゼーションの時代とは言っても、マスメディアやインターネット等の情報機器でつながるようになったのはまだ極一部にすぎず、「彼

（女）ら」の日常のほとんどは画面から見えないところにあります。その見えないところで、「彼（女）ら」の国の学生や青年たちは状況を打破しようと試みているのです。生産する側－消費する側、奪われる側－奪う側といった「彼（女）ら」と「私」との間に存在する不公正な関係に気づき、それを超えるために想像力を豊かに働かせ、「彼（女）ら」と「私」との関係を、同時代を生きる「私たち」の関係として認めるようになったとき、私たちの国際学の「学び」は次の一歩を踏み出していくのだと考えます。

（林薫・渡邉暁子）

注

（1）正確に言うと、換算してある程度は入れることもできますが、複雑になるので説明は省きます。
（2）正確に言うと、普通に使われている為替レートで換算したドル相当の金額と、その国で使えるお金の価値が違うことが多いです。これを調整する「購買力平価」という方式がありますが、詳しくは経済学の基礎教材で学んでください。
（3）世界銀行などの国際機関によって「絶対的貧困」の基準として取り扱われている金額です。
（4）平均寿命とも言います。零歳時の平均余命のことです。
（5）実際に政治的、経済的従属関係を打破しようという一種の革命的な政治的主張とともに「第三世界」が使われることが多く、この言葉を意識的に使用しない人々も結構います。また、米ソ超大国（当時）を「第一世界」、米ソ以外の先進工業国を「第二世界」とする定義もあります。
（6）一九六九年以降は政府開発援助（ODA＝Official Development Assistance）の定義が国際的に合意されます。

（7）二〇〇八年九月米国の金融機関リーマン・ブラザーズの破綻に端を発した世界的な経済危機。
（8）G20とはGroup of Twentyの略で、主要国首脳会議（G8）に参加する八カ国、欧州連合（EU）、新興経済国一一カ国の計二〇カ国・地域からなるグループ。
（9）「マルサスの罠」と言います。マルサスは、イギリスの経済学者で、『人口論』（一七九八）を著し、人口の増加は幾何級数的なのに対して、食糧の増加は算術級数的であることに、貧困問題の原因があるとしました。

参考文献

ウィリアム・H・マクニール『戦争の世界史（上・下）』（高橋均訳、中央公論新社、二〇一四）
A・ガット『文明と戦争（上・下）』（石津朋之ほか監訳、中央公論新社、二〇一二）
B・ロバート・C・アレン『なぜ豊かな国と貧しい国が生まれたのか』（グローバル経済史研究会訳、NTT出版、二〇一二）
深井有『気候変動とエネルギー問題』（中央公論新社、二〇一一）
岡本正明「環境にやさしいアブラヤシ農園というディスコースの誕生――インドネシアのアブラヤシ農園拡大戦略から」（『地域研究』14巻1号、昭和堂、二〇一四）

第3章 環境問題とグローバリゼーション

——自然環境が映し出すもの

1 変わりゆく地球環境

日本はアジア太平洋戦争後の高度経済成長期に「公害」を経験し、[1] 公害裁判[2]も提訴されました。企業活動による自然環境汚染が、人間の生活や身体・健康にも悪影響をもたらすことが確認されたのです。その後、環境庁[3]（現、環境省）が設立され、公害防止へのステップが踏み出されました。世界的には、ローマ・クラブ[4]の委託研究、『成長の限界』（一九七二）が有名です。地球の仕組みには人口や経済の成長の限界点があるというこの報告は、現代社会を環境面から見直すきっかけになりました。

このように、一九七〇年代には、国内外で環境をめぐる「気づき」がありました。それから四〇年余りが経過しましたが、依然として環境問題は存在しています。もちろん改善はなされています。しかし、私たちの生活を脅かす実態は数々報告され、環境問題が解決された実感は持ちにくいと言えます。私たちはこの問題とどのように向き合い、どのように解決を目指していけばいいのでしょうか。

2　環境問題とはどのような問題か

問題を捉える想像力

環境問題は、今では、誰もが知っている言葉です。多くの人々がこれへの関心を述べており、この問題の解決を望む声はますます大きくなっています。さらに、国際的な課題として、必ずと言っていいほど取り上げられます。

一九七〇年代の環境問題への「気づき」は、社会について考えるヒントでした。しかし、その時代の多くの人々が感じた環境問題は、身近なものというより、どこかの誰かの問題だったと言えそうです。たとえば、いずれ科学者や専門家が解決しれくれるもの、そのような認識だったのです。

それゆえに、問題解決が遅れていると考えられそうです。エネルギーやごみ、温暖化といった問題は、「私たち」の普段の何気ない行動が原因です。そして、その何気ない行動が積み重なり、やがて深刻な問題に発展します。この反省に立てば、私たちは環境問題を、誰かの出来事と捉えるべきではありません。「私」や「私たち」が原因を作っているからこそ、解決に関わるべきだと確認する必要があります。

ある問題が「私」にどのように影響するか想像できれば、改善のための取り組みは考えやすいと言えます。不快な結果は、誰もが避けたいと思うからです。「身近な問題として捉えてみよう」「どのような影響があるかイメージしてみよう」という想像力は、今を生きる私たちにはとくに重要です。この想像する力、物事を関連づける力が、問題解決の糸口を提供してくれます。私たちが国際的な出来事を扱うとき、国際学を学ぶとき、想像力は基本的な素養です。

学生・生徒の環境問題イメージ

みなさんに質問があります。環境問題と聞いて、何を思い浮かべますか。

筆者（山田）はよく、大学での講義の初回に、受講生にこうした問いかけをします。返答はやはり、具体的な事例が多いです。温暖化といった地球規模の問題や、近隣の課題（ごみ問題や川の汚れなど）を思い出したりするようです。絶滅に瀕する動植物の保護や森林破壊もこのパターンでしょう。二〇一一年の東日本大震災以降は、放射能の影響、原子力発電やエネルギー、災害とまちづくりといった答えも返ってきます。

他方、「私」に直接関わる問題だと考える人もいれば、誰かの問題だと少し距離感を持って認識したりする人もいます。あるいは、ある問題の解決に具体的に協力していると答えてくれる人もいれば、専門家任せで自分は行動していないという回答を寄せる人もいます。

みなさんの返答はどのようなものですか。この中のどれかに含まれていましたか。いずれにしても、これらの返答はどれも間違いではありません。だから、講義ではすべてを板書します。すると受講生は、「環境問題とは、定まったイメージがない」という面白い共通点に気づいてくれます。重要な発見です。

環境問題への関わり方

もう一つ尋ねます。次のそれぞれの設問に、みなさんは「はい」と答えられますか。

（A）環境問題に関心がある。

（B）学校の授業で、環境問題を学んだ（調べた）ことがある。（題材は何でもよい）

（C）よく行く場所（たとえば、カフェ等の飲食店、図書館等の公共施設）の環境活動を知っている。（例：メニューにあるエコ表示、リターナブル容器の活用、冷暖房の温度設定といったもの）

（D）個人的にリサイクル・ごみの分別や省エネに心がけている。（家庭や学校・職場など、さまざまな場所を想定して構いません）

（E）環境活動（たとえば、海・川・山などのクリーン活動）に参加したことがある。（そして、何らかの感想や実感を抱いたのであれば、それも思い出してみましょう）

「環境」に対する意識と行動

結果を確認します。五つすべてに「はい」と答えられた人がいる一方で、一つも当てはまらなかった人もいるかもしれません。まずは、「はい」の数と、当てはまった設問の内容によって、あなたの環境問題への感覚を振り返ってください。

それから、回答をしながらどのような感想を持ったか、思い返してみましょう。勉強だからと枠を狭める必要はありません。むしろ、自由に、素直に感じたことを思い起こしてみましょう。「『はい』と言えるものがあって安心した」「いずれの設問内容も大切な事柄だ」などと感じたかもしれません。「問いが環境問題のすべてを表しているわけではない」とか「私の関心とは異なっている」とか「このような当たりまえのことをなぜ確認するのだろうか」とか疑問を抱いた人もいることでしょう（大学の講義では、このような疑問は大歓迎です。教員とのコミュニケーションを楽しみましょう）。実際の講義であれば、その場で、「はい」と答えた人の数も理由も感想も聞くことができます。しかし、ここは書面なので、みなさんには読み進んでもらうと同時に考えてもらいます。ここでのヒントは、「意識」と「行動」というキーワードです。

環境問題を扱う難しさ――学びの奥深さと面白さ

私たちの国際学の「学び」において、より深く考えて欲しいのはここからです。

第一の質疑応答（環境問題と聞いて、あなたは何を思い浮かべるか）で確認するのは、環境問題という言葉は「あいまいだ」ということです。この言葉を知っていれば、環境の変化を何か良くないものとして、何となく説明するのに便利です。さまざまな課題を環境問題だと一言で表現し、問題提起ができます。

しかし、「問題」があれば「解決」が目指されなければなりません。そのとき、環境問題をめぐり、人によって考えている内容や論点が違う場合があります。これでは協力が成立しにくく、解決が遅くなります。課題をあいまいなままにしておくべきではありません。その一方で、あいまいさを取り除こうとすると、かえって対立や混乱が生じることもあります。こうした経過も環境問題の特徴です。したがって、解決には、関係者が詳しく説明し合う「努力」が必要となります。私たちには、何が問題で、どのように解決するか、環境問題と一言で片づけず、多様な考え方を表明し合う努力と工夫が求められます。

第二の質疑応答（それぞれの設問に、あなたは「はい」と答えられるか）では、環境問題をめぐる「意識」と「行動」の微妙な違いに着目します。たとえば、（A）の設問に「はい」と答えても、（D）や（E）については当てはまらなかった人がいるはずです。また、（D）や（E）には「はい」と答えたが、（A）や（B）については該当しなかったという人もいるでしょう。さらには、（B）や（C）をきっかけに（D）や（E）の取り組みを始めたので、（A）が当てはまるようになり、結果的にいずれにも「はい」と言えた人がいてもおかしくはありません。

世の中には、意識を原動力にして行動する人、あれこれ考えずにまず行動するタイプの人、意識があっても行動しない人、関心もなく行動もしない人など、さまざまなタイプの人たちがいます。これは、勉強や運動でも同様です。そこで、どうしたら「多くの人」が協力してくれるかを考える必要が生じてきます。もちろんここでは、環境問題を解決するためにです。複雑な検討ですが、このような社会の仕組みの検討こそ、興味深い学びのテーマです。

もう一つ指摘します。実際の社会では、意識だけで変化が起きるわけではありません。行動が伴ってこそ何かが変わり、ときには失敗も経験しながら解決へのヒントが得られます。どのような意識（考え方）に基づいて、どのような行動をするか、この二つの分析は確かに重要です。しかし、意識と行動の両面に意を払いつつ、最後には「人々の行動（協力行動）」が成立するように検討を重ねることが求められます。「私の行動」だけでは影響は小さいかもしれません。けれども、それらが積み重なって「私たちの行動」となれば大きな影響力を持つようになります。協力行動から問題解決の糸口も見出せます。社会にある「小さな取り組み」に着目し、その利点を考えてみるのも重要な研究の一部です。

３　環境問題の事例

考察における限界

具体例による考察に取りかかります。あえて、混乱が生じやすい題材を取り上げてみることにします。ただし、次の三つの限界があることを忘れないでください。

第一に、「環境」は「周囲の状況」を指し示す言葉で、あらゆるものを含みます。それゆえ、問題の共通イメージが成り立ちにくいという性質があります。周囲の状況は、すべて「環境」です。だから、環境問題は無限の含意がある（限定が難しい）のです。

第二に、「問題」とは一般に、解決すべき事柄です。しかし、何をもって解決と考えるかは、人それぞれです。ましてや、完璧な解決を見ること自体、珍しい結果です。よって、正しい答えを求めるのは困難だということになります。

第三に、環境問題の解決という「結果」は、たいていは今、この場で確認ができません。それゆえ、

発電用風車を設置した山並。岩手県遠野市。

解決に向けた協力の足並みが揃わないこともあります。ときには、後日、問題そのものが「なかった」と判断されることもあります。だから、目標と結果の評価が難しいのです。

事例1：風力発電をめぐる賛否

問題の想定の違いにより、解決策にも賛成・反対の意見が寄せられることがあります。ヨーロッパの例を紹介します。

ある地域で、エネルギー問題の解決のため、地元の人々と行政が協力し、発電用の風車を設置しました。問題が解決できるとの期待が高まりました。しかし、後日、同じ環境系の団体から、風車が批判を受けるようになりました。鳥が風車にぶつかって死んでしまう、美しい風景が風車（人工物）によって乱される、このような主張です。こうして、風力発電に賛否が寄せられ、風力発電の評価が分かれてしまいました。風車に関連するこの地域の環境問題とは、エネルギー、生態系（野鳥）、景観だったのです。みなさんは、風力発電の意義をどのように考えますか。

事例２：地球温暖化と人間活動

「地球温暖化は人間の活動によって起きているのか」をめぐる議論も有名です。気候変動に関する政府間パネル（ＩＰＣＣ）[5]は過去に五回の報告書を出し、人為による地球温暖化について警鐘を鳴らしています。しかし、石油を売りたい産油国などは、温暖化は自然のなりゆきによる変化だと、報告書の内容に反対意見や懐疑論を主張しています。また、報告書のごく一部に科学的根拠がないという不祥事が発覚し、ＩＰＣＣの報告書は「正しくない」と訴えられたこともありました。

いずれにせよ、ＩＰＣＣ報告書がきっかけとなり、地球温暖化問題への対応策に関する条約や議定書が締結され、ＩＰＣＣは国際社会に大きな影響を与えました。それだけに、ＩＰＣＣの問題提起には賛否が寄せられ、注目されると言えます。地球温暖化問題はどう解決したらいいのでしょうか。

事例３：森林伐採と作物栽培

東南アジアでは、貿易の利点を得る目的もあり、大規模プランテーションの単一作物栽培（モノカルチャー経済）が浸透した地域があります。バナナ、サゴ椰子、コーヒー等の商品価値が高い作物栽培のため、森林を畑に変えてきました。その結果、森林面積は減少し、動物の住みかは失われ、栽培の繰り返しで土地もやせ細りました。しかし、そこで働く農民の中には、輸出向けの作物栽培により現金収入が得られ、不安定な貧しい暮らしから抜け出すことができたと喜ぶ人もいます。

この問題は、日本に住む私たちの消費生活にも関係します。バナナやコーヒーは、私たちが日常的に口にする食品です。サゴ椰子からは油が採れ、食用油や洗剤として利用されています。このモノカルチャーの経済問題を解決する方法はあるでしょうか。そして、その方法を見つけ出そうとする際には誰の立場で考えればいいのでしょうか。

事例4：生活環境・歴史的環境

次のような事例もあります。私たちの暮らす家、そして、まちは、住環境や生活環境と呼ばれます。家やまちを作るとき、私たちは自然や周囲の状況を作り変えます。ゆえに、どこかに自然環境問題が発生します。だからこそ、私たちはこれを「共生」という発想で解決してきました。たとえば、伝統的家屋から学ぶ「エコな暮らし」や、環境に配慮したまちづくりは、ときに感動や安心を得ます。こうした共生の課題も、環境問題と言って構わないはずです。

日本各地には、「町家／町屋」と呼ばれる家屋群が見られます。たとえば京町家は、京都の商人の暮らしとともにある家、家並みが残されたものです。観光客は、町家を美しく思い、歴史的環境として保存すべきだと考えます。ところが、町家に暮らす人々の中には、窓枠を冷暖房に都合がいいアルミサッシに変えたいと思う人がいます。老朽化した町家は維持費が高く、新しい家に建て替えたいという声もあります。こうした「町家問題」は、どのように考えれば解決するでしょうか。

4　環境問題解決のステップ

環境協力行動

環境問題とは、結局は人間社会に何らかの影響をもたらし、人間社会が何らかの原因となっています。ゆえに、環境問題の解決は、私たちの協力行動を必要とします。これを「環境協力行動」と呼ぶことにします。環境協力行動とは、環境問題を解決しようとする社会の目的に対し、私たちが（意識や自覚の有無にかかわらず、それゆえに結果的に）協力し合って行動している状態を指します。だから、問題が少しずつ解決すると期待を持つことができます。

とはいえ、この状態は簡単には成り立ちません。環境問題の解決を「私たちの目標」とは見なさない人や、自分自身のためになることを優先しようとする人がいるからです。そこで、より多くの人たちが協力する状況を考え出すことが必要です。

現実の社会では、私たちはさまざまな「まとまり」の中で暮らしています。地域社会・コミュニティ（家族を含む生活の領域）、市町村、都道府県、国、リージョン（複数の国を含む地域）、地球（グローバル）というそれぞれの範囲があります。こうした領域は、考察のヒントです。たとえば、学校（という領域）で、ある人が提案したＰＥＴボトルキャップの回収（これが他国の子どもを救う医療費になる等）の取り組みが、多くの協力行動を得る活動に発展することがあります。このとき、活動に賛同する人も、友人に誘われた人も、専用の箱に何気なくキャップを入れた人も、誰もが協力行動をしていると考えられます。理念、人間関係、仕組みといった、キャップ回収に関係する行動パターンが分析されねばなりません。

環境協力行動のメカニズムを軸に、私たちはどのような行動を考え出すことができるでしょうか。どのような解決のステップを示すことができるでしょうか。

解決例１：自然エネルギー導入と市民共同発電所

まず、ヨーロッパの風車建設をめぐる課題（事例１）に対し、日本の取り組みから解決の糸口を探りましょう。市民共同発電所という仕組みがあります。市民の寄付や民間の助成金を集め、市民の手による発電所を作っています。主に風力や太陽光発電が採用されています。市民は大規模な火力や原子力発電所を作ることはできないからです。またそれ以上に、環境に大きな負荷を与えたり、人々に不安を与えたりしてきたそれらの発電から離脱し、自分たちの力で電気を作ろうという、積極的な意志がそこには働いているからです。市民風力発電所は北海道や東北地方でよく見られ、太陽光パネルは全国的な展開を見せています。いずれも、市民の企画力、行動力の発揮を考えることができます。

風力発電の事例では、一億円以上する設備を建設した例があります。[6] 非営利組織（ＮＰＯ）法人が中心となり、エネルギー問題に関心がある市民に呼びかけ、風車建設事業を進めています。市民が協力すれば高額の風車も建てられます。原子力発電に頼らない生活、省エネへの貢献など、情報交換も活発になります。ＮＰＯによる理念表明と協力関係の構築、そして、共感して集まる個人の関係は、市民の力を理解する好例と言えます。ＮＰＯの活動により、ゆるやかに個々人の行動が統合され、協力して自然エネルギーを導入する行動が成立しています。

太陽光発電の活用例には、神奈川県茅ヶ崎市のＮＰＯの取り組みがあります(7)。このＮＰＯの活動実績に、市内三施設の屋根への太陽光パネル設置があります（二〇一四年四月現在）。これを、「市民立太陽光発電所」と呼んでいます。寄付金や助成金によって完成したからです。発電分は、市の施設で使われ、余った電気は電力会社に売っています。

この市民太陽光発電所の仕組みは、今後の発展も期待できます。グリーン電力証書の発行と、それを購入してくれる企業とのマッチングは、この一例です。再生可能エネルギーを作るＮＰＯ側は、グリーンエネルギー認証センターからグリーン電力として認定されると、発電した電気に加えて環境貢献の価値（二酸化炭素［CO_2］排出の削減に貢献した意義）を売ることができます。ＮＰＯは、そのお金を次の発電所を作るための資金にできます。再生可能エネルギーの普及を進められます。証書を買った側は、その分だけ再生可能エネルギーを使ったと「見なす」ことができます。買った側も、CO_2の排出削減をしたことになるのです(8)。

市民立太陽光発電所。神奈川県茅ヶ崎市内。
茅ヶ崎市ホームページより。

茅ヶ崎市のＮＰＯが注目されたのは、市民発電所の環境価値を地元の企業に購入してもらったという「関係」づくりゆえです。発電量はそれほど大きくありませんが、電気をめぐる新しい協力関係づくりが、市民の力によって推進されています。

解決例2：世界市民会議――政策決定と市民の声の聴取

二〇〇九年、三八カ国で世界市民会議（World Wide Views）が開催され[9]、四〇〇〇人の参加者がそれぞれの国で話し合いをしました。これを事例2の解決案とします。このときのテーマが、地球温暖化問題だったからです。日本会場は京都市で、参加者はあらかじめ「地域、性別や年齢等」を考慮して「選出された」一〇〇人でした。

日本会場の主催者ホームページによると、この会議は「COP15[10]に対して、世界市民の観点で、今後の地球温暖化問題の事例に対して取り組むべき課題を提示するために、世界の国と地域で、同じ日に、同じ情報資料に基づき、同じ問いについて、同じ手法を用いて議論する」場であると説明されています[11]。COPは政府関係者が参加する会議ですが、世界市民会議はここに市民の意見を届けようとしたのです。一般市民が参加するこの会議では、参加者相互の話し合いによって意見をまとめることが約束されました。

また、同ホームページには、「温暖化対策が政治的に取り決められる」ならば「私たちの生活はこれに少なからず影響を受ける」ことになり、「だからこそ、政策決定がなされる『前に』人々に相談する（consult）ことが必要だ」とも書かれています。同会議の宣言では「二一世紀は、公共的課題に関して政府や産業界のみならず、『市民セクター』とでも呼ぶべき領域が主体的に議論に参加し、行動することが求められる時代です」と謳われていますが、これは環境協力行動を考えるうえで重要です。なぜなら、同宣言が続けて述べるように、「社会には、私たち市民の関与と行動が不可欠な課題がある」からです。市民を、「『私』のことだけでなく『私たちの社会』のことについても考え、行動しようとする人」と定義すると、市民が社会にどのように関わるべきかを考えることは、やはり私たちの重要な挑戦です。社会の取り決めによって私たちは少なからぬ影響を受けます。だから私たちは、社会に対して市民として考え、発言し、行動することが求められているのです。

解決例３：フェアトレード――環境認証の仕組み

森林伐採と作物栽培の問題（事例３）に対しては、フェアトレードの仕組みを紹介します。

フェアトレードとは、フェア（公正）な関係による持続可能なトレード（取引・貿易）を目指す活動です。バナナやコーヒーなどの生産国では、安さ追求のため、生産者が低賃金で働いています。栽培の効率を上げようと、環境に負荷の大きい生産方法が使われています。フェアトレードはこうした事態を改善するのが主な目的です。フェアとは、生産者・自然環境・将来世代の人々に不利益を与えない状態で、生産者・自然環境・消費者が可能な限り対等であることを目指します。その実現のため、消費者はフェアトレード商品の選択を検討し、適切（フェア）だと判断される値段で、モノやサービスを購入することが求められます。

この推進のため、フェアトレードインターナショナル（ＦＬＯ）などの世界的な組織や、フェアトレードジャパン（ＦＬＪ）といった国内団体が市民レベルでの活動を続けています。ＦＬＯのホームページ[12]によれば、二〇一一年の世界市場は約五五〇〇億円（日本は約二二億円）で、イギリスと米国二国の合計がおよそその半分を占めています。また、国民一人当たりの年間購入額は、円換算で日本が約一六円、イギリスが約二六六四円です。世界的な取り組みに比べれば、日本の影響力はまだ小さ

アグロフォレストリー。インドネシア、バリ島バンリ県の農村。

いですが、ＦＬＪに認証を受けている企業名簿には、よく知られたカフェやレストランも名を連ねています。

筆者（黛）はＮＰＯ法人を作り[13]、インドネシアのバリ島をフィールドに、アグロフォレストリー（森林農業）を推奨しています。アグロフォレストリーとは、その地域で成長可能な果樹や木材用の樹木を育てる林業に加え、林業が軌道に乗るまでの数年間は日が当たる地面で作物を育てる農業を行いながら、生計を立てるという方法です。農業と林業を長い期間で循環させ、その収穫物を地域の産業（果物の加工品製造など）に結びつければ、持続的な収入を得られるという利点があります。自然環境問題を抱える地域であれば、生物多様性が高い森林を回復させながら、住民の経済的な生活を保障することもできます。環境と経済のバランスよい発展を期待できます。

筆者のフェアトレード活動を具体的に紹介します。対象商品には、現地の村人および農林業や生物の専門家とよく話し合った結果、イチゴの加工品や紙の手工芸品を選びました。村人が作った新鮮なジャムや紙すきの温かみのある品物を、私たちＮＰＯが村人の労働対価に見合った価格で買い取り、フェアトレード商品として仲買人（仲介業者）を入れずに販売しています。日本の消費者がこれらの商品を購入すれば、結果として現地の生産者の労働を正当に評価し、村の経済と自然環境を守る協力

倉敷市・美観地区のまち並み。

行動を間接的に行ったことになります。

フェアトレードとは、このようなスタイルを持つ環境協力行動の一つです。つまりフェアトレード活動とは、私たちの行動パターンを組み替え、私たちの行動をモノが作られる現場に直接結びつけようとする仕組みと言えます。難しいことに参加せずとも、日常の「買う」という消費行動によって解決が近づくことを教えてくれます。

解決例４：伝統的建築群とＴＭＯ活動

最後に、生活環境や歴史的環境の課題（事例４）に対しては、岡山県倉敷市のＴＭＯ活動からヒントを得ましょう。

倉敷には「美観地区」と呼ばれるエリアがあります。商人の歴史とともに形成された蔵造りと、町家の景観が美しい地区です。このまちづくりでは、倉敷商工会議所が中心となり組織した「くらしきＴＭＯ（Town Management Organization）」が、地域住民を牽引する役割を果してきました。

くらしきＴＭＯのまちづくり理念は三つあります。「芸術・文化の香りのする街」「賑わいと活気のある街」「美しく住みよい街」です。この理念をもとに、イベント（祭りや文化事業）による賑わいの創成（中心市街地活性化）を目指しています。地域住民と話し合い、イベントを展開することで、次第にまちづくりへの共感が生まれたそうです。その結果、住民が伝統的家屋に暮らすことにあらためて誇りを感じたり、まち全体の適切な保存について検討を始めたりするようになったとのことです。

一般に、まちを暮らしやすくする試みは、市役所等に任せっぱなしというのがこれまでのパターンでした。しかし、気が付くと、景観に統一感がなかったり、住民にとって暮らしにくいまちになっていたりすることが少なくありませんでした。この反省から、まちづくりを地域住民が担い、住民のアイディアでまちを保存したり、作り変えたりする活動が増えています。これを成功させるには、まちづくりを私たちの領域と考え、まちの特徴を活かした望ましいまちづくりを実現しようとする行動が不可欠です。まちづくりの分野でも、私たちには市民としての意識と行動が求められているのです。

５　問題解決のヒント

以上四つの活動を、問題解決のヒントとしました。共通点は、「共感する作業」から「共感を実現する作業」へ、です。論点を確認しましょう。

まず、ここに挙げた活動はいずれも、難しい情報や知識を多く持つ専門家が中心というより、私たちが「できること」に基づいて行われています。わかりやすく共感できる情報に基づいて協力活動が進められています。これを原動力に、「共感したことを実現」しようとする取り組みが推進されます。一般の私たちにも関わることができそうな活動が示され、誰もが協力行動を支えられるようになっています。誰にでも関わるチャンスがある、これが第一の論点です。

まちの将来像についての市民による話し合い。神奈川県茅ヶ崎市にて。

次にこれらの事例では、ＮＰＯや活動団体が、私たちにそうした情報を丁寧に提供し、説明を繰り返しています。市民が市民へ、日常感覚の言葉で語っています。これが受け手である私たちにとっては重要な情報になっているというのが、第二の論点です。もっとも、送り手が市民の共感を得るには、十分な下調べや検証が不可欠です。この努力のおかげで、受け手の私たちは、理解しやすい情報を得ることができ、関わってみること、やってみることについてのハードルが、あらかじめ低くなっていると感じることができるのです。

さらに、第三の論点としては、話し合いの活用が挙げられます。近年、環境問題をはじめとする社会問題の解決には、話し合いが多用されています。私たちは他者と話し合うことで、いくつかの確認を行います。事実の確認はもちろん、個々人が抱いている理由づけ（背景や解釈）の確認と承認も、話し合いの効果です。多様な問題設定・解決パターンが出されたままの状態だけが続くと（「複雑性の増大」と言います）、問題発見に時間がかかり、解決案が合意されず、協力行動が生まれにくいのです。これは社会の混乱とも言えます。だから、個人個人が考えを表明し合い、自分の意見を他者の意見と重ね、その結果をまとめる必要があります（「複雑性の縮減」過程です）。ここに紹介した四つの解決例には、いずれも、話し合いによって「ゆるやかな合意」を作り、それに向かって協力し合う過程が組み込まれています。

6　共感と行動

今後も、環境問題は私たちにさまざまな影響を与えることでしょう。日常生活に制約が加わるかもしれません。生活を変える必要があるかもしれません。それゆえ、近年では多くの人々が、思い切って解決に踏み出す意識を持ち合わせるようになっているのです。この点で、私たちの国際学の「学び」の課題の一つは、「人々の意識をゆるやかにまとめ、環境協力行動に振り向ける方法を考察することにある」と言うことができるでしょう。

本章は、共感する「私」を出発点に、どのように環境協力行動を互いに導き合うかについて検討しました。共感という視点から考えれば、私たちの間には多くの共通点が発見され、協力行動が可能です。ＳＮＳで使われる「いいね！」に近い感覚が出発点です。共感は、専門的で難しい情報ばかりでなく、日常的でやさしい情報によっても成り立ちます。むしろ、シンプルで簡単な手段から得られる共感は、私たちにより行動しやすい状況をもたらしてくれます。ただし、それには、理解しやすい多くの情報が常に提供され続けていることが条件です。解決につながることを証明する手続きについては、今後も行動の成果をきちんと把握したうえで、より洗練させていく必要があります。

私たちの「意識」と「行動」の微妙な違い、そしてそれらが密接に結びついていく状態について、おわかりいただけたでしょうか。このような学びのプロセスが、私たちの国際学の「学び」の面白さの一つだと感じてくれたのであれば、なお幸いです。

（山田修嗣・黛陽子）

注

（１）一九世紀にも足尾鉱毒事件のような公害（鉱害）問題はありました。しかし、一九七〇年代の変化を意識してもらうため、ここでは高度経済成長期の公害を取り上げます。

（２）熊本水俣病訴訟、新潟水俣病訴訟、富山イタイイタイ病訴訟、四日市公害ぜんそく訴訟が、「四大公害裁判」と言われています。

（３）国の環境行政機関です。総理府の外局として一九七一年に設置されました（二〇〇一年から環境省）。

（４）資源の枯渇や環境問題などの「人類の危機」を回避するために設立された、民間の研究機関です。最初の会合（一九六八年）をローマで開いたため、この名前が付けられました。

（５）国連環境計画（ＵＮＥＰ）と世界気象機関（ＷＭＯ）が共同で一九八八年に設立した、地球温暖化の科学的検証と対策を調査・報告する政府間機構です。二〇〇七年にノーベル平和賞を受賞しました。

（6）ＮＰＯ法人　北海道グリーンファンド（http://www.h-greenfund.jp/）。
（7）ちがさき自然エネルギーネットワーク（http://www.i-shimin.net/ren/）。
（8）グリーン電力証書ガイド（http://www.env.go.jp/earth/ondanka/greenenergy/）。
（9）WWViews ホームページ（http://www.wwviews.org/）。開催日は世界同一日程で、九月二六日でした。
（10）第一五回気候変動枠組条約締約国会議の略称です。二〇〇九年一二月、デンマークのコペンハーゲンで開催されました。
（11）WWViews in Japan ホームページ（http://wwv-japan.net/）。
（12）ＦＬＪ ホームページ（http://www.fairtrade-jp.org/products/shop/）。
（13）ＮＰＯ法人 Bali Biodiversitas（バリ バイオダイバーシタス）、本部は埼玉県所沢市です。（http://www.langit-bali.com/bali_biodiversitas/index_jp.html）。

参考文献

ドネラ・Ｈ・メドウズほか『成長の限界――ローマ・クラブ「人類の危機」レポート』（大来佐武郎監訳、ダイヤモンド社、一九七二）
北海道グリーンファンド監修『市民発の自然エネルギー政策――グリーン電力』（コモンズ、一九九九）
飯田哲也『北欧のエネルギーデモクラシー』（新評論、二〇〇〇）
小林傳司編『公共のための科学技術』（玉川大学出版部、二〇〇二）
似田貝香門ほか編『まちづくりの百科事典』（丸善、二〇〇八）
山口英昌監修『食の安全事典』（旬報社、二〇〇九）

95

第4章　国際観光の光と影

1　私たちの国際学の「学び」から見る国際観光

みなさんは「国際観光」と聞いて、何を連想するでしょう。海外旅行をイメージするでしょうか。明るいリゾート地や有名な世界遺産を友人や家族と楽しく旅する、そんなイメージを持つ人もいるかもしれませんね。では「国際観光の仕事」というと、どんな仕事を思い浮かべますか。流暢な外国語で接客するホテルマン・ホテルウーマン、それとも大勢の旅行者を観光地へお連れするツアーコンダクターや日本国内に外国人旅行者を案内する通訳ガイドのイメージでしょうか。かっこいい花形職業を想像する人が多いような気がします。

しかし国際観光には「光あふれる世界」がある一方で、「光がつくる深い影」も存在します。国際観光の光と影を理解することが本章の主題です。一見華やかなものと見られがちな海外旅行や国際観光の世界をタテ・ヨコ・ナナメとさまざまな角度から眺めてみることにしましょう。私たちの国際学の「学び」で捉える国際観光学は、国際社会から見た観光を理解することです。今まで見えていなかった国際観光の素顔が見えてきたとき、観光というフィルターを通して世界のありようを見ることができるはずです。

2 「産業」としての国際観光

観光産業の実態

国連世界観光機関（UNWTO）の最新の発表によると、二〇一二年に世界全体で海外旅行をした人の延べ人数は一〇億人でした。世界の人口（約七〇億人）の一四％にすぎませんが[1]、この数字は年々大きくなっています。国際観光の人の流れの中で、観光客を送り出すのは先進国・新興国を中心とする所得の高い国です。一方、観光客を受け入れる国には所得の低い途上国が多く含まれています。つまり国際観光の送り出しと受け入れの地域には偏りがあり、このことは後述する観光の経済効果そして観光が落とす影に深い関わりがあることに注意してください。

国境を越えて旅する人々の流れを支えている観光産業は実にさまざまな業種から成り立つ産業です。人々が移動するために必要な交通産業（航空、鉄道、船舶、バスなど）、旅先での寝泊りや飲食を提供してくれるホスピタリティ産業（宿泊や飲食などの接客サービス業）、旅行の企画や手配、添乗をしてくれる旅行業（旅行会社）、観光地でみなさんが買い物をするお店（小売業）、などがまず挙げられます。他にもホスピタリティ産業に原材料を提供する現地の農林水産業、土産物などを生産する製造業なども観光関連産業に入ると言えます。さらに、旅行情報の提供やホテルの予約ができるオンライン専業の情報サービス会社や、観光振興の行政組織（日本政府観光局、観光庁、地方自治体の観光振興課など）も含まれるのかもしれません。

観光の経済効果

いったい何が観光をこのような巨大な産業に育てたのでしょうか。それを知るために「観光の経済効果」の側面から考えてみましょう。

観光の経済効果とは観光による収益がどれくらいの金額になるかということです。一〇億人が海外旅行をするのですから、経済効果も大変大きなものです。二〇一二（平成二四）年の日本の旅行消費額の総額は二二・五兆円でした。(2) 内訳を見ると、最も多いのが「日本人国内宿泊旅行」の一五・三兆円で、全体の約三分の二を占めています（図1）。

この金額だけが観光の経済効果ではありません。実は観光の経済効果はじわじわと観光以外の産業にも波及し、間接的な経済効果を生んでいます（図2）。具体例として沖縄県の例を挙げてみましょう。沖縄県のデータによると、(3) 二〇一二（平成二四）年に沖縄県内で旅行者が消費した旅行消費額の合計は四〇一五億円でした。これは、ホテル、お土産屋、水族館の入園料、飲食店で食べた沖縄そばなど、国内外からの旅行者が消費したお金、つまり観光の直接効果です。

図１　国内の旅行消費額の市場別内訳（2012年）

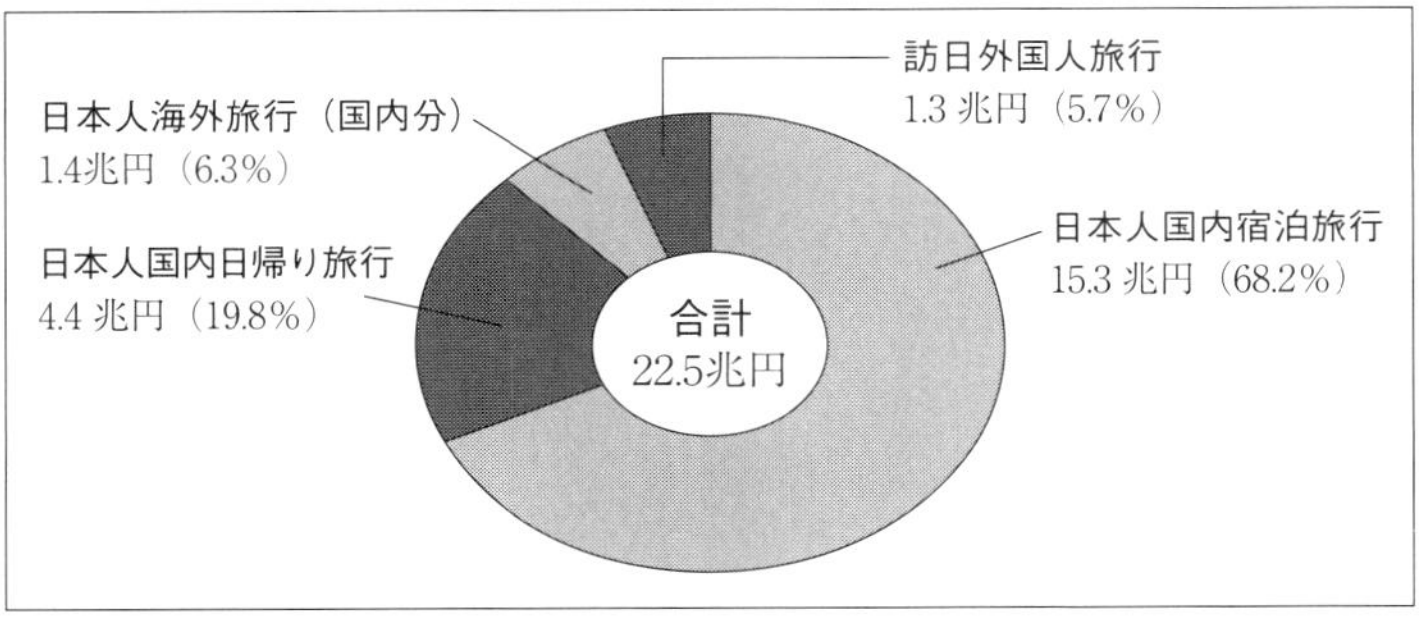

出典：観光庁『観光白書（平成26年版）』2014。

図２　旅行消費が日本国内にもたらす産業別経済効果（2012年）

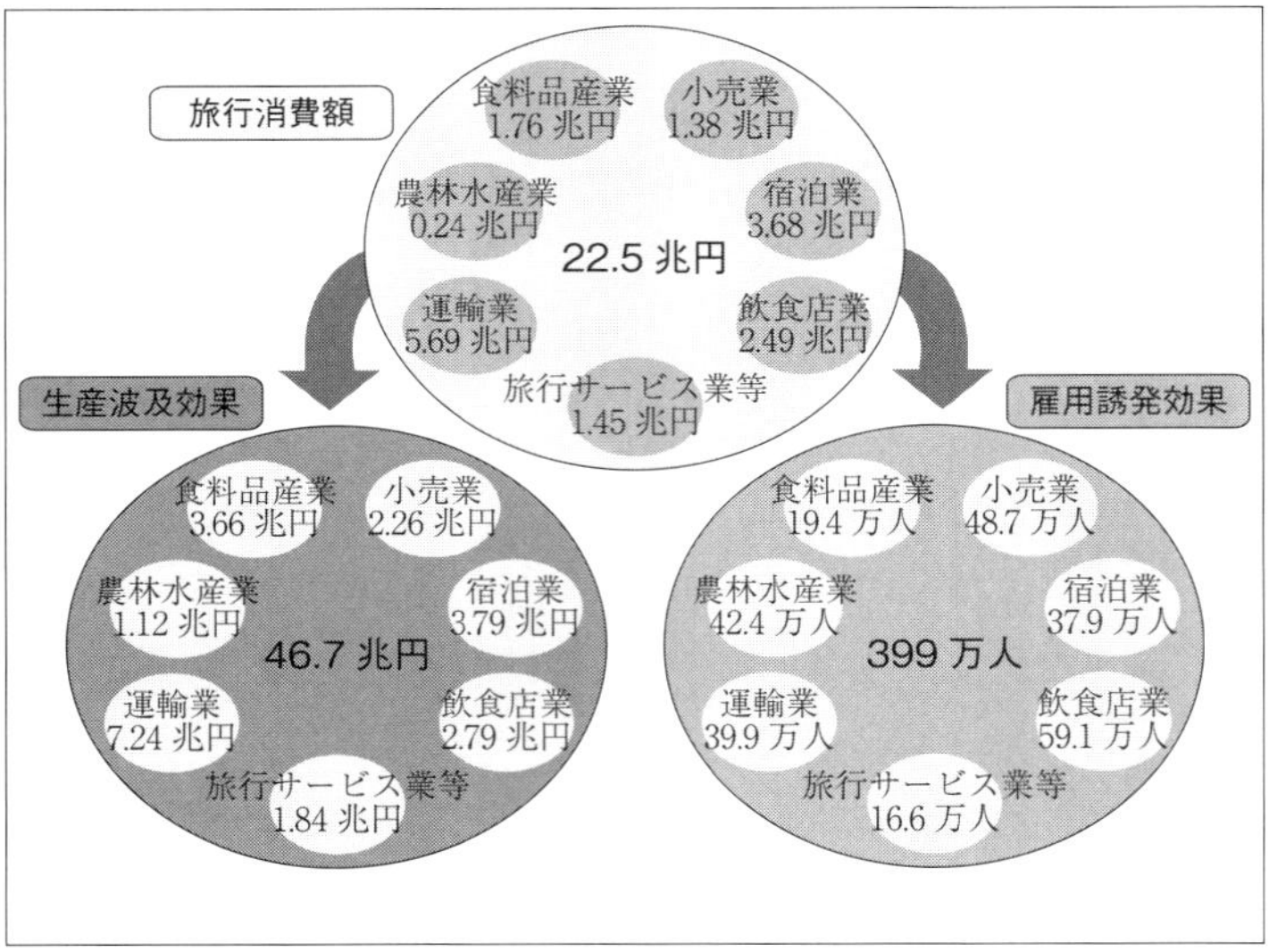

出典：同上。

しかし実際には、飲食店は沖縄そばの具材を他の業者から仕入れています。旅行者がやって来て沖縄そばを食べると、沖縄そばの原材料を供給するさまざまな関連産業の収入も間接的に増えるのです。これが観光の間接効果の例です。さらに経済効果は波及していきます。沖縄そばの関連産業に流れたお金はどうなるのでしょうか。収入が増えた会社は新しい機械を購入するかもしれませんし、従業員は増えた給料で前から欲しかったものを購入するかもしれません。このように考えると、旅行者の消費がさまざまな産業に、どんどん波及していくことがわかります。沖縄県の場合、観光による間接効果は約二七五二億円になると試算されています。加えて、観光による直接効果と間接効果の結果として約八・一万人の雇用が新たに誘発されているのです。観光産業は想像以上に、幅の広い分野であることがわかるのではないでしょうか。

途上国における観光産業の意義

このように、いろいろな国や地域に旅行者が訪れ、観光産業が育っていくということは、地域にお金がもたらされるとともに、そこに人々の働く場が生まれることを意味します。これらの産業に従事する労働者数は多く、世界の労働人口の一一人に一人が観光の仕事に従事していると推計されています(4)。

雇用の創出は、経済成長を目指す途上国にとって、観光を振興する強いモチベーションになります。途上国の多くは農漁業などの第一次産業から第二次産業（製造業）、第三次産業（サービス業）への移行を目指していますが、サービス業の中でも観光産業は有望な選択肢と考えられています。なぜなら、観光産業は機械化できない「対人接客サービス」が占める割合が大きく、多くの人手を必要とするからです。ホテル客室の清掃など、高度な技能を必要としない仕事も多いので、とくに訓練を必要とせずにすぐに雇用の機会を見つけることもできます。

観光はまた、地域に新しいビジネスを興すことにもつながります。インドネシア随一の人気観光地であるバリ島は、農業と伝統文化、芸術の島として知られ、世界中から多くの観光客が訪れています。なかでも有名なものに、ケチャッ（kecak）と呼ばれる舞踊があります。上半身裸で腰布を巻き、数十人の男性が円陣を作ってしゃがみ口々にチャッ、チャッ、チャッ、チャッと声を発しながら左右に体を揺らす呪術的な踊りです。バリ島らしい芸術として絶大な人気があるこのケチャッは、実は伝統芸能ではなく、一九三〇年代に、ドイツ人画家のヴァルター・シュピースがバリ島民のために、宗教音楽をヒントに観光用に創作したものなのです。旅行者が伝統舞踊と信じているこの芸術は、住民にとって重要な収入源になっています。

なぜ今、観光立国日本なのか？

観光に力を入れているのは途上国だけではありません。先進国である日本でも観光はその重要度を増してきています。二〇〇三年、小泉総理が施政方針演説で「二〇一〇年までに訪日外国人旅行者を（当時の）五〇〇万人程度から倍増の一〇〇〇万人にする」という目標を掲げ、観光立国を目指す方針が打ち出されました。二〇〇六年には観光立国推進基本法[5]が成立し、観光で国を立てる、という政府の方針が具体化に向けて動きはじめました。この政策には二つの背景があります。

第一は産業構造の変化です。日本はこれまで輸出産業を中心として高度成長し、経済を発展させてきました。しかし、一九九〇年代に途上国が経済成長するにつれ、日本の輸出競争力は相対的に落ち、生産拠点を海外に移転する企業も増え、国内各地の工場閉鎖が進みました。そこで注目されたのが観光産業を含む第三次産業としてのサービス産業です。観光産業は人々が旅をすることで成り立ちます。私たちが日本各地を旅行して各地域で消費を行い、各種のサービスを受けることで経済効果がもたらされます。消費地は都会か地方かを問いません。日本の各地には固有の自然・食文化や風習・祭りなどがあります。それらの地を人々が訪れ、宿泊し、飲食し、買い物をすれば、地域にお金が落ち、観光の経済効果がもたらされるのです。

日本が観光立国を推進する第二の背景は、日本の人口が減少に転じたことです(6)。これまで日本の観光産業は日本人を相手にしたビジネスを行ってきましたが、人口が減少に転じた今、先細りする日本の人口だけを対象としていたのでは日本の観光産業はジリ貧に陥っていくことが予想されるのです。

しかし、目を外に向けると、世界で最も力強い経済成長を続けているアジアの国々がすぐそばにあります。中国、タイ、マレーシア、インドネシアなどの国々では、富裕層だけでなく中間層も海外旅行を始めています。その市場規模（人口）は日本国内のものをはるかに凌ぎます。さらに、これらの国よりも早い時期に国民が海外旅行を楽しんでいる台湾、シンガポール、韓国、あるいは地域としては香港なども日本の観光産業にとっては重要です。これらの国や地域の人々が日本を訪れることにより、減っていく日本人マーケットに依存する構造からの転換を図ることができます。

このように、観光産業は国や地域に大きな利益をもたらす可能性を秘めた産業です。だからこそ、世界の多くの国や地域は観光に力を入れ、投資を行っているのです。

3　観光産業が落とす影、観光産業に落とされる影

しかし、国際観光産業は私たちに良いことばかりを運んできてくれるわけではありません。

環境問題

一九七八年に世界自然遺産第一号の一つになったガラパゴス諸島（エクアドル）は、『種の起源』（一八五九）の著者チャールズ・ダーウィンに、自然選択説・生物進化論に気づくきっかけを与えた群島です。一度も大陸とつながったことがない海洋島で生物は固有の進化を遂げ、ガラパゴスは〝進化の実験場〟と呼ばれるようになりました。

一九七〇年代初期から主に米国観光客の団体旅行の訪問先となり、〝一生に一度は訪れたい観光地〟として、徐々に世界の富裕層を集めるようになりました。生態系と生物多様性を守るため、エクアドル政府は諸島の陸地の九七％を立入禁止としたり、観光客一人につき一〇〇ドルという高額の入島料を徴収したりしてきましたが、一九七〇年代初頭に二〇〇〇人程度だった観光客は二〇一三年には一六万人を突破しました。それに伴い出稼ぎに押し寄せるエクアドル国内からの移住労働者も増え、観光客と住民を受け入れるための宅地開発、ごみやし尿の処理、物資や人の流入に伴う動植物の移入種の増加など、いくつもの環境問題が連鎖的に発生しています。

この事態を見かねた国連教育科学文化機関（ユネスコ）は二〇〇七年にガラパゴス諸島を「危機遺

産リスト」に移しました。これは、遺産を保全する努力をしなければ、世界自然遺産の登録を抹消するという警告を意味します。ガラパゴス諸島の生態系・自然環境を破壊したいと望んでいる人などいるはずがありません。しかし、観光がもたらす経済の流れが目に見えるようになると、自然環境は、守る対象から経済効果を生み出す打ち出の小槌へと変わっていくのです。幸い、エクアドル政府の努力が実って二〇一〇年には危機遺産リストから削除されましたが、問題が解決されたわけではありません。観光による経済効果を地域が追いはじめたとき、自然保護への人々の関心は薄れていきます。それは持続可能な観光のあり方でしょうか。

ガラパゴス諸島はエクアドルの「ドル箱」。自然は守るべき資源か、それとも地域経済の資本か。プエルトアヨラ港にて。

文化・社会問題⑦

マレーシア南東部に位置するティオマン島は欧米人に人気の島です。ここを訪れる旅行者・観光客の多くは欧米人バックパッカーで、カンポン・サランという村は彼・彼女らに人気の村です。

この村の子どもや若者は、欧米人が持ち込んだ音楽やファッションに憧れ、欧米人と同じような服を着たがり、音楽を聞きたがります。物質的な豊かさを重視する傾向も目立ってきました。若者の生活様式が欧米化してきているのです。これは観光による一種のデモンストレーション効果だと考えられます。デモンストレーション効果とは、人々の消費欲望や消費行動が、周囲の人々、とくに高額所得者の欲望・行動傾向（消費・購買行動）に影響されて変化することを指します。

これまで村の人々が長年守ってきた生活スタイルや価値観が、外から入ってきた旅行者の消費スタイルや価値観に取って代わられようとする事態を、村の年長者は快く思っていません。年長者の一人は「文化の背景もわからずにただ白人のマネをしているだけ」と若者の行動を軽蔑しています。もともと漁業を生業としてきた村では年長者と若者が力を合わせて地域共同体を守ってきたのに、その絆が少しずつ崩れてきているのです。

観光による文化や社会への影響は、多くの場合、マスツーリズム[8]によってもたらされることが多いのですが、このティオマン島の例は必ずしも大規模な観光でなくとも、地域社会に影響を及ぼしているケースです。バックパッカーのように個人でやって来て長期滞在する旅行者のほうが、地域社会に深く入り込むことが多いので、このような旅行者が残していく「足あと」のほうがより深く残る可能性もあるのです。

観光によって地域社会・文化にもたらされる影響の問題には、単に老若間の価値観の違いだけでなく、地域文化と消費文化の変容問題が隠されています。当事者である住民、老いも若きもが「この村でどのように生きていきたいのか」「自分たちの生活にとって重要なのは何なのか」「観光や消費文化という外から入ってくる力（外圧）をどう受け止めるのか」を考えなければならなくなっています。

観光に過度に依存することなく、観光を手段として地域社会・地域文化の「アイデンティティ」を持続させていく方策が問われるのではないでしょうか。

地域内格差の問題

観光産業が経済的な地域内格差を生むことも、影の一つです。観光開発や観光振興の結果として、富める地域（あるいは人）と富めない地域（あるいは人）の格差が広がってしまうのです。

それまで住民たちの生活の場にすぎなかった地域の資源が急に着目され、突然、その地域が観光地化して脚光を浴びると、外部から資本が流入してきて、観光施設やホテルの建設、道路の整備などが行われます。観光施設の周辺には多くの観光客が訪れ、これまでとは違った賑わいを見せることになります。地域住民の中には開発業者に土地や田畑を売って多額の金銭を得る人も出てくるでしょう。また、完成後のホテルで従業員として雇用され、これまでよりも安定した現金収入を得られる人も出てくるでしょう。もちろん、観光開発によって地域社会が経済的に発展することは、地域経済や地域住民にとって望ましいことであることは事実です。しかしながら、そのような恩恵にあずかれない人たちも少なからず存在します。観光産業の経済効果が地域内にうまく行きわたらないと地域内や住民間で経済格差が生まれ、そのような格差は住民間の不満や対立を生んでしまいます。

南太平洋に浮かぶ島々の国フィジーは、青い海とサンゴ礁、ヤシの木という楽園のイメージにぴったりの地です。物価が安く気候は温暖、英語が通じることからハネムーンの旅行先として不動の人気を誇り、国際空港ナンディに近い海岸には何軒もの国際リゾートホテルが建ち並んでいます。

これらのリゾートからボートで二、三〇分の距離にある、とある小さな島では、居心地の良い場所にリゾートホテルが経営するレストランや、フィジー人によるショーが楽しめるスポットも用意されています。島の反対側にはひっそりと暮らすフィジアンの村があり、女性やお年寄りたちがリゾートで販売するヤシの葉のマットや帽子などを作っています。聞けば、リゾートホテルが建ち並ぶ海岸も、昔はフィジアンの村だったそうです。国が独立した一九七〇年以降、欧米の資本が次々に流入してリゾート開発を行い、土地所有という概念がなかった住民たちは二束三文で土地を買い取られ、残されたあまり条件がよくない土地に住むしかなくなりました。貨幣経済の中で家族を支えるためにはリゾートホテルに勤めるしかありません。大家族で暮らす伝統的な生活スタイルは失われてしまいました。観光による経済的な安定は地域社会間の経済格差を生み、伝統的な生活スタイルを島民から奪ったのです。人間のつながりやアイデンティティなど情緒的な「さびしさ」を超えて、失われていくものの価値の大きさを考えずにはいられません。

観光産業の脆弱性

人が旅することをやめない限り、この世から観光産業がなくなることはありません。その意味では観光はとても強い産業です。でも、地域社会から見ると観光ほどもろい産業はありません。外部からその地域を訪れる観光客がいない限り成立せず、観光客の足の向く先は気まぐれなのです。

宮崎県に日南海岸という美しい海岸があります。初めて聞く地名かもしれませんが、日南海岸は、一九五〇年代後半（昭和三〇年代半ば）に皇室が新婚旅行に訪れたことをきっかけに日本の新婚旅行先のメッカとなったところです。一九七四年には年間三七万組、当時の全新婚カップルの四割が宮崎市に泊まりました。暖かい南国の風と、ヤシの一種のフェニックスを植えた海岸線の美しさなど、異国情緒あふれる風景が人々を引き寄せたのです。

しかし、一九七八年には本土復帰間もない沖縄県のリゾートホテルが新婚旅行先のトップに躍り出ました。また、一九六四年に始まった海外旅行の自由化とサラリーマンの収入増加、日本航空のキャンペーンおよびホノルル空港の整備等によってハワイもトップに選ばれるようになりました。

新婚カップルは新しい場所へ関心を移し、日南海岸の人気は下降線をたどりました。宮崎県はその後、総合保養地域整備法（通称リゾート法、一九八七年）のもとでリゾート開発を行い、大規模リゾート第一号指定として多目的娯楽施設「宮崎シーガイア」を一九九三年にオープンさせましたが、バブル崩壊とともに経営破綻し（二〇〇一年）、何度かの経営交代を繰り返しながら現在に至っています。

大規模な開発を伴って観光地としての地域づくりを行った後にブームが去り、大型宿泊施設や負債が残される例は、宮崎以外にも熱海（静岡県）や湯沢（新潟県）など枚挙にいとまがありません。地域社会の経済が観光産業のみに依存してしまうことには大きな潜在的リスクがあるのです。

さらに、観光客の需要の増減は、地域社会がコントロールできない各種の外部要因によって変動します。たとえば景気の変動です。観光旅行は私たちにとって「生きていくうえでどうしても必要」なものではありませんから、景気が悪くなって生活が苦しくなるとまずカットされる費用の一つです。あるいは自然災害や政情不安も不安定要因です。東日本大震災の直接的・間接的影響により、日本国内の観光地は大きな打撃を受けました。尖閣諸島の問題が深刻化した二〇一二年後半には中国からの訪日旅行者数が激減しました。中国人団体観光客を主な顧客としてターゲットを絞っている温泉地には、日中関係が悪化したとたん集客ができなくなり、経営状態が悪化した大型旅館もあります。

観光産業は、国や地域に大きな利益をもたらす可能性を秘めながらも、一方で各種の外部要因によって影響を受ける「弱い産業」なのです。観光のみ、特定の団体マーケットのみ、といった観光特化型、観光依存型の地域づくりは短期的には地域に富をもたらすかもしれませんが、長期間な視点からは疑問符が付きそうです。そこで、観光産業がもたらす経済効果を最大限に引き出し、同時に、短期的ではなく長期的な視点に立って、地域社会を豊かにするための観光産業のあり方の模索が始まっています。

4　それでも観光は止まらない…だから

持続可能な観光

自然環境の保全、観光ビジネス、地域社会の持続は三つ巴の関係にあります。これらが互いに食い合うことなく相互に支え合って発展する方法はないものでしょうか。

その一つの回答が、熱帯地域で生まれた「エコツーリズム」あるいは「持続可能な観光」です。たとえば東アフリカ（ケニアやタンザニア）では、狩猟を伴うサファリ観光を、殺さずに住民がガイドする観光へとシフトさせました。観光収入は自然保護活動への資金となる、という考え方です。地域住民をガイドにすることで、自然を保つことが家計を助けるという循環が生まれました。これがエコツーリズムです。観光産業が招いた影の部分が新しい観光の概念を生んだのです。

コミュニティ・ベースド・ツーリズム

観光ビジネスが経済を追求するあまり、地域社会を変えてしまうという例を先に紹介しました。観光事業者が地域での観光を主導する限り、この問題は必ず付いてまわります。観光客が訪れた地域にもたらす〝お金〟は決して小さな金額ではなく、数が多ければ多いほど収益は増えていきます。大衆観光（マスツーリズム）全盛の時代には、観光客の出発地となることの多い大都市圏の旅行会社がパッケージツアーを企画・販売する「発地型観光商品」が主流でした。観光ビジネスにとって地域は観光資源を提供する存在だったと言えます。

しかし、それらの資源は、本来誰のものでしょうか。言うまでもなく、その地域のものです。その土地にしかないからこそ遠方からでも人々が訪れるのです。そのことに気づいた住民たちが自分たちでプログラムを作り、ホスト役として観光客を受け入れ、地域社会を支える〝お金〟を得るという、まちづくり型の「地域主導型観光」が一九九〇年頃から少しずつ試みられるようになりました。

最近、このような地域社会（コミュニティ）を基盤とする、地域による地域のための観光を「コミュニティ・ベースド・ツーリズム（community based tourism）」（以下、ＣＢＴ）と呼ぶようになりました。ＣＢＴは、地域社会（地縁集団）の資源を地域振興のために利用し、利益は地域社会に還元することで、地域社会の自律的発展を目指す観光開発のあり方を指しています。地域社会の構成員、つまり住民がこの観光開発の主な担い手であり利益の享受者となるため、貧しい農村などでも稼げる仕組みとして国際協力分野でも実施されています。

ＣＢＴは一見、理想的な仕組みのようですが、実際にはいくつもの落とし穴があります。一つは、観光産業に携わったことのない地域社会がどこまでホスト役として観光産業を担えるかという問題です。会計処理や資源管理、観光客に合わせたサービスなど、これまでやってこなかったことに取り組まなければなりません。結局、それらの業務を外部委託して地域外に経済収益が流れてしまうことも少なくありません。もう一つは、不特定多数の観光客を地域社会で受け入れることによって、地域社会の生活文化や自然環境が荒らされたり壊されたりする可能性があるという問題です。また、経済手段として過度に依存するようになると、伝統的な生業を凌いだり、これまで築かれてきた人間関係を崩したりしかねません。利益追求が過ぎて、コミュニティ自体が自らの資源を「売り物」として見なし、内側からの開発が進む懸念もあります。

こうした危険性を回避するには、観光産業で得た〝お金〟を地域社会全体に還元するためのルールを設け、観光と地域がよりよい共存を図る仕組みを作ることや、足元の地域資源の価値に住民自身が気づくといった視点が必要なのです。

国と国との関係を超えて人と人が交わる場としての国際観光の望み

最後に、国際観光という仕組みが、個人としての私たち一人ひとりと世界をどのように結びつけているのか、考えてみたいと思います。

私たちは海外旅行をすることによって「世界」を見ること、体験することができます。グローバル化が進み、世界のどこでも同じような情報や商品が入手できると思われる時代になっても、本物のピラミッドを見るにはエジプトに行かねばならないし、世界一高い山を見たければネパールに行かねばなりません。インターネットで何でも調べることができたとしても、その場に行かなければ見ることのできない風景があり、嗅ぐことのできない匂いがあります。国際観光産業は私たちにリアルな世界を体験させてくれるものです。

ひとたび海外に出れば、そこにはさまざまな国や地域があり、さまざまな価値観を持った人々が暮らしています。異国に飛び込み異文化の中を旅すると、楽しく感動的な経験をするだけでなく、そこに必然的に伴う不安や不自由を体験することもあるでしょう。旅行雑誌に載っているお店で美味しいものを食べて、誰かがお薦めしているお土産を買うだけの観光旅行ではなく、そうした、少し苦い経験もしてみて、異国にいるということの不自由さや不安を体験してみることも大切です。そうすれば、日本という異国を訪れる外国人観光客の不安な気持ちも想像し共感することができるでしょう。そのときに、自然と出てくる言葉や行動、「大丈夫ですか？」「何か探していますか？」という働きかけ——相手の気持ちを想像し、共感する、深い他者性から自然と生まれるものこそ、グローバルな「人間性」ではないでしょうか。

このように国際観光に関わる現象は、言い換えれば、世界の人々が「人対人」で向き合い、触れ合う場面の集積とも言えるのです。国家と国家の政治・経済や歴史といった関係を背景にしつつも、一人ひとりが人間同士として交わることができる、それが国際観光がもたらす体験の素晴らしさではないでしょうか。

国際連合は一九六七年を「国際観光年」に定め「観光は平和へのパスポート（Tourism, Passport to Peace）」というスローガンを掲げました(9)。その背景には、国際観光を通して世界の人々の相互理解が促進され、やがて平和な世界を実現したいという願いがありました。他国の相手を理解することは、自分と相手との違いを理解することであり、結果として自己理解にもつながります。相手を尊重し、自分を尊重する、その姿勢が世界の平和に結びついていくのです。

もちろん、国際観光の振興が世界平和に直結するわけではありません。旅先での短時間のやりとりだけでどれほど深く相手を理解できるのかという反論もあるでしょう。しかし、異文化を背負う者同士が理解することの難しさを実感しつつも、個人レベルでの出会いと交わりを積み重ね、「相手を理解しようとする努力」を惜しまない人が増えていくことは、平和な世界への礎となるのではないでしょうか。ここに、国際観光という仕組みを通して、個人としての私たちと世界が結びついていく望みがあるのだと思います。

（髙井典子・海津ゆりえ・小島克巳）

注

（1） UNWTO,UNWTO Tourism Highlights, 2013 Edition（http://dtxtq4w60xqpw.cloudfront.net/sites/all/files/pdf/unwto_highlights13_en_lr_0.pdf 二〇一四年三月二日閲覧）。

（2） 観光庁『観光白書（平成二六年版）』（二〇一四）。

（3） 沖縄県観光政策課『平成二四年度沖縄県における旅行・観光経済波及効果』（二〇一三）。

（４）UNWTO,UNWTO Tourism Highlights, 2013 Edition（http://dtxtq4w60xqpw.cloudfront.net/sites/all/files/pdf/unwto_highlights13_en_lr_0.pdf 二〇一四年三月二日閲覧）。

（５）一九六三（昭和三八）年の観光基本法を改正したもの。

（６）総務省統計局ウェブサイト「総人口の推移」（http://www.stat.go.jp/data/nihon/g0302.htm 二〇一四年三月二七日閲覧）。

（７）筆者（高井）によるフィールドワーク（一九九九年）での観察より。

（８）周遊型・団体型（パッケージツアー）を特徴とする大量生産・大量流通・大量消費型の旅行。大衆観光と訳されることが多い。戦後、欧米先進国において中産階級の経済的豊かさを背景に、観光が大衆（マス）の間にも広く行われるようになった現象のこと。

（９）世界観光機関（ＵＮＷＴＯ）ウェブサイト History（http://www2.unwto.org/content/history-0 二〇一四年三月二〇日閲覧）。

参考文献

石森秀三・真板昭夫・海津ゆりえ編『エコツーリズムを学ぶ人のために』（世界思想社、二〇一一）

世界観光機関（ＵＮＷＴＯ）ウェブサイト History（http://www2.unwto.org/content/history-0 二〇一四年三月二〇日閲覧）

株式会社デンソーコミュニケーションズ『ぴあはーる』ウェブサイト（http://www.viajar.jp/pc/special/grand_top/driveplan_view/bunko8_dt03.html 二〇一四年三月二七日閲覧）

第5章 企業の多国籍化と地球市民社会

1 暮らしを取り巻く多国籍企業

最近一カ月の間にみなさんが友達と行った飲食店を思い出してみましょう。その中にはきっと、マクドナルド、スターバックス、サブウェイ、ケンタッキーフライドチキン（ＫＦＣ）などの名前があるはずです。これらはもともと米国で誕生し、その後、日本をはじめさまざまな国に出店することで成長してきた企業であり、多国籍企業と呼ばれるものです。

次に、みなさんが着ている服のタグを見て、それが製造された場所を調べてみましょう。生産地は中国、インドネシア、ベトナム、ミャンマー、バングラデシュなど、アジアの国々ではないでしょうか？　あるいは、海外旅行をしたときに、外国の街々にＴＯＹＯＴＡやＰＡＮＡＳＯＮＩＣといった看板を目にすることも少なくありません。そうです。外国の企業と同じように、日本の企業もまた、海外で積極的に事業活動を行っているのです。グローバル時代と呼ばれる今日では、国境を越えて資産を持ち、活動する「多国籍企業（ＭＮＣ＝Multinational Corporation）」と呼ばれる企業が大きな力を持っており、世界の人々の生活にも大きな影響を及ぼしています。

本章では、私たちの国際学の「学び」の立場から多国籍企業のことをより深く考えていきましょう。

２　企業の多国籍化はどこまで進んだのか――その現状と問題点

「多国籍化する」とはどういうことなのだろうか？

企業とは、利益（利潤）を得ることを目的として、製品・サービスの生産、販売（事業活動）を行う組織です。企業は近代社会の形成と、資本主義の成長とともにその経済活動の中心的役割を果たすようになりました。企業は主に生産、流通を行い、「供給者」として市民社会の一翼を担ってきたのでした[1]。今日、利潤をできる限り大きくするために活発に国境を越えて活動している企業は少なくありません。自国の工場で作った商品を輸出したり、海外企業に生産を任せたり、さらに、自社の工場や営業所を海外に設けたり、他国の企業を買収したりすることは珍しくないのです。本章では、このようにして「複数の国に企業が拠点を構えること」を多国籍化と呼ぶこととします。

国連貿易開発会議（ＵＮＣＴＡＤ）によると、「親会社と外国の関連会社で構成される企業」は、二〇一〇年時点で世界に一〇万三七八六社あり、本国以外の国々に八九万二一一四の拠点を構えています。[2] 一〇年前の二〇〇〇年にはそれぞれ六万三四五九社、六八万九五二〇だったので、この一〇年で大きく増加しました。

多国籍化が進んでいることは「直接投資」の動きからも読み取ることができます。直接投資とは、企業が資金を支出し、他国に拠点を構えるために必要な資産を取得することです。世界の直接投資額は、景気動向などによって変動しているものの、一九九〇年代以降増加傾向にあります（図1）。二一世紀に入ってからは一九八〇年代前半の一〇～二〇倍にも達しています。

多国籍化は、世界の国々の間で経済的つながりを強めています。本国で生産したものを海外で（あるいは海外で生産したものを本国で）販売するため、貿易が活発化するからです。実際、世界の貿易額は第二次世界大戦後着実に増加してきましたが、二一世紀に入り急速に拡大しています（図2）。そして、世界貿易の半分は多国籍企業間のものと言われています。

多国籍企業の大きな規模と強い影響力

今日の世界経済は、経営規模が巨大な多国籍企業によって主導されているのが実情です。表1は、海外保有資産順に並べた多国籍企業のランキングです。米国の電気メーカー、ゼネラル・エレクトリック（発明王エジソンが設立した会社）は自国以外に三三八二億ドル（一ドル一二〇円換算で約四〇兆円）もの資産を有しています。これは日本の国家予算（二〇一四年度一般会計約九六兆円）の約4割に相当するほど大きな額です。日本企業ではトヨタが第四位、ホンダが第一八位にランクされています。ちなみに、世界の総資産の四分の一がたった三〇〇社の多国籍企業によって占められているの

図１　世界の直接投資額の推移

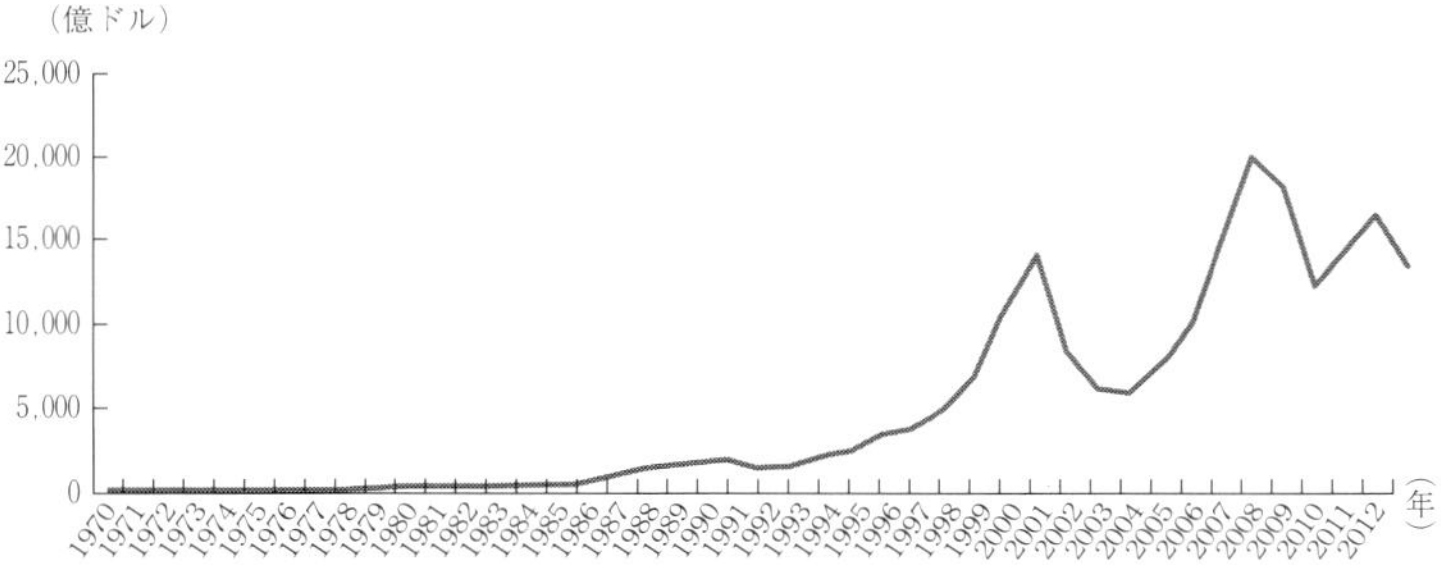

出典：UNCTAD, *World lnvestment Report 2013*, Annex Table1.

図２　世界の貿易額の推移

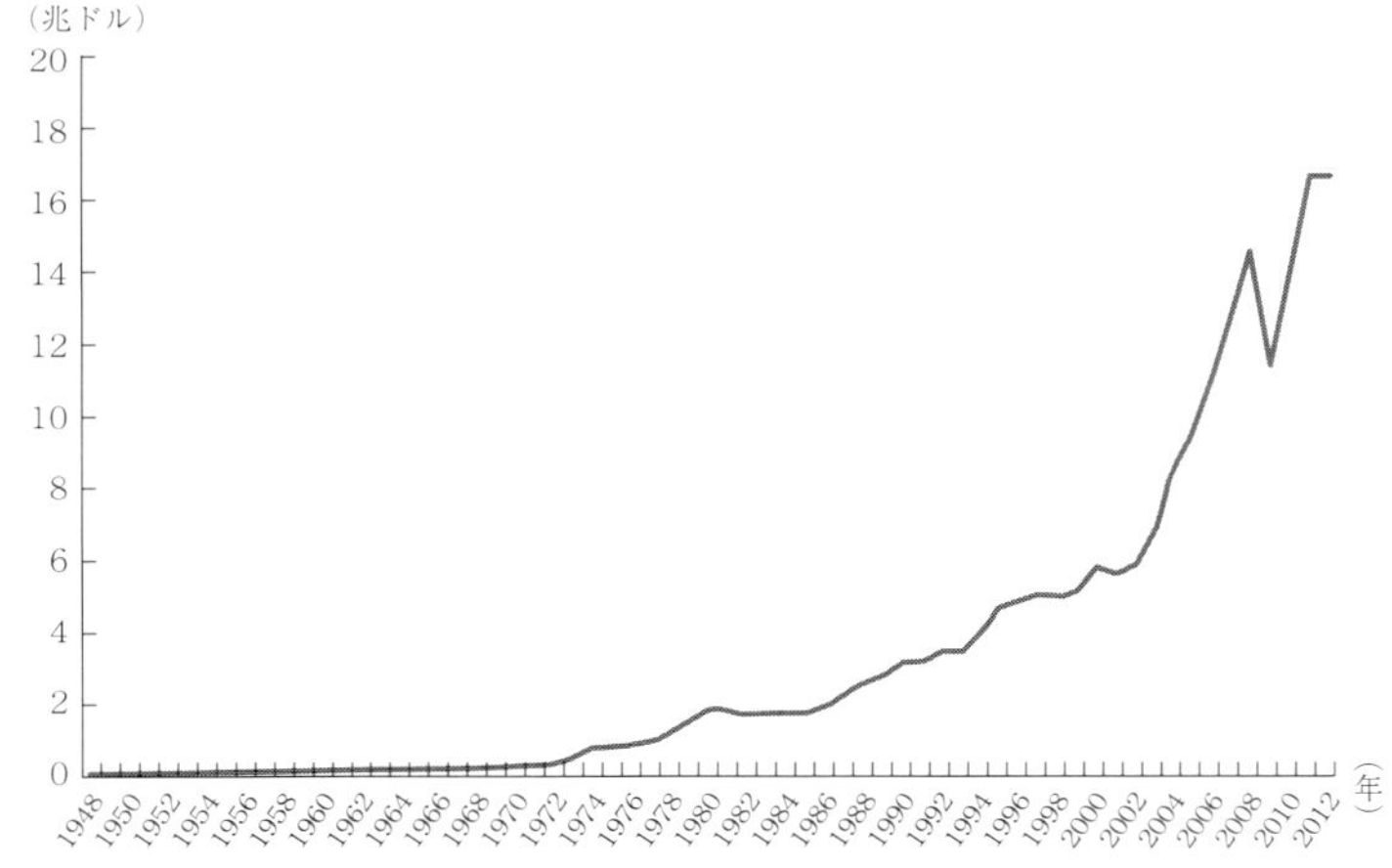

出典：UNCTAD Stat (http://unctadstat.unctad.org/EN/).

表1　多国籍企業の海外資産額ランキング

（単位：百万ドル、人）

順位	企業名	国	産業	資産額		売上高		従業員数	
				海外	全世界	海外	全世界	海外	全世界
1	ゼネラル・エレクトリック	米国	電気電子機器	338,157	685,328	75,640	144,796	171,000	305,000
2	ロイヤル・ダッチ・シェル	イギリス・オランダ	石油採掘・精製・販売	307,938	360,325	282,930	467,153	73,000	87,000
3	BP	イギリス	石油採掘・精製・販売	270,247	300,193	300,216	375,580	69,853	85,700
4	トヨタ自動車	日本	自動車	233,193	376,841	170,486	265,770	126,536	333,498
5	トタル	フランス	石油採掘・精製・販売	214,507	227,107	180,440	234,287	62,123	97,126
6	エクソンモービル	米国	石油採掘・精製・販売	214,349	333,795	301,840	420,714	46,361	76,900
7	ボーダフォン・グループ	イギリス	通信	199,003	217,031	62,065	70,224	78,599	86,373
8	GDF スエズ	フランス	公益事業	175,057	271,607	78,555	124,711	110,308	219,330
9	シェブロン	米国	石油採掘・精製・販売	158,865	232,982	132,743	222,580	31,508	62,000
10	フォルクスワーゲン・グループ	ドイツ	自動車	158,046	409,257	199,129	247,624	296,000	533,469

出典：UNCTAD, *World Investment Report 2013*, Annex Table 29.

です。(3)

売上高が最も大きいのはロイヤル・ダッチ・シェル（イギリスとオランダの石油会社）です。国内外の合計額は四六七二億ドルで、これはベルギーやアルゼンチンの国内総生産（GDP）を上回るほどです。売上高と国のGDPを単純に比較することはできないにしても、規模がいかに巨大であるかわかるでしょう。また従業員を最も多く雇用している多国籍企業は、ドイツの自動車メーカー、フォルクスワーゲンです。その総数は、兵庫県姫路市の人口とほぼ同じ五三万人にも上ります。

多国籍企業は世界の政治や経

済において国家以上の影響力を有するまでになっています。今日の世界のありようについて考えていくうえで、多国籍企業は決して無視できない存在なのです。

企業はなぜ多国籍化するのだろうか？

企業はなぜ多国籍化を進めるのでしょうか。第一の理由は、生産にかかる費用（コスト）を抑えることができるからです。通常、先進国と比べて途上国の労働者の賃金は低く、このため、これらの国に生産拠点を移せば、より安く生産し、販売価格を抑えることができます。逆に、新自由主義《ネオリベラリズム》的なグローバル経済環境（詳しくは第9章を参照）のもとでは、このような取り組みを行わなければ、ライバル会社との競争で不利となってしまいます。このため、多国籍企業は国際的な生産体制を築くようになっています。

海外での生産は多くの多国籍企業にとって極めて重要です。たとえば、日本の自動車メーカー八社は二〇一三年に全世界で二五五三万台を生産しましたが、そのうちの一六四四万台、割合にして六四・三％は海外での生産によるものです[4]。とくに日産やホンダでは海外での生産割合が八割を超えます（日本自動車工業会調べ）。家電製品を見ても、日本企業の海外生産台数の割合は、冷蔵庫や洗濯機では八割を超え、電子レンジに至ってはほぼ一〇〇％です（日本電機工業会調べ）。

第二の理由は、海外の顧客を獲得するためです。従来、多くの多国籍企業は欧米などの先進国の消費者に対して製品・サービスを主に販売してきました。これに対して、現在注目されているのは、ＢＲＩＣＳをはじめとする新興国の人々です。ＢＲＩＣＳとは、ブラジル（Brazil）、ロシア（Russia）、インド（India）、中国（China）、南アフリカ共和国（South Africa）の頭文字を並べた言葉で、経済発展が目覚ましい国の代名詞です。これらの国々では、経済発展の結果として生活に余裕が生まれはじめた人々が急速に増加しています。今後もさらに発展していくことが予想されるため、今のうちに現地でのビジネスの足がかりを築こうとする企業も少なくないのです。先進国であれ新興国であれ、海外での販売を成功させるには、現地の消費者が「これが欲しい」と思うような商品を提供することが不可欠です。その点で、現地に販売の拠点を設けるほうが、単に輸出するよりも、きめ細かく消費者の好みや欲求（ニーズ）を探ることができるというメリットがあるのです。

第三の理由は、自国には乏しい天然資源を確保するためです。たとえば、石油や天然ガスといった資源を確保するために、日本の企業は海外に生産拠点（油田やガス田）を設けています。先に掲げた**表1**のランキングでも、石油会社のロイヤル・ダッチ・シェル、ＢＰ（イギリスの石油会社）がそれぞれ第二位、第三位に上がっており、このような目的で進められる多国籍化も少なくないことがうかがえます。

企業が多国籍化を進める理由は以上の通りですが、こうした動きに近年拍車をかけているのがＩＴ（Information Technology，情報通信技術）化の進展です。インターネットを介することで、商品の設計・デザインや市場、資金などに関する情報の国際的なやり取りが、コストをかけずに、しかも瞬時に行えるようになりました。製造された物を国際的により速く正確に消費者に届けることもできるようになっています。ＩＴは金融の世界にも変化を及ぼしており、現在では、国境を越えて巨額の資金を一瞬のうちに移動させることもできます。この結果、国外に拠点を設けて事業活動を行うことが以前よりも簡単にできるようになってきたのです。

企業の多国籍化を促進する動き

一般に、国や政府の立場から見たとき、企業の多国籍化にはいくつかのメリットがあると言われています。企業の進出先である途上国にとっては、国内で生産や販売が行われることによって働く場（雇用）が生み出されます。さらに、ビジネスに関する先進国の技術や知識などを学ぶことができます（技術移転・知識流入）。その結果、より価値の高いものがより効率的に生産されるようになり、国の経済が発展します。他方、多国籍企業が本社を置く国（先進国）にとっても、多国籍化を通して企業の利益が増加すれば、人々の賃金が上昇したり、雇用が増えたり、税収が増えたりします。さらに、途上国での生産が拡大することで、消費者が商品をより安く手に入れられるようになる、というのもメリットとして挙げられていることです。ただし、次項に見るように、多国籍企業の活動はしばしば問題を引き起こしており、必ずしもすべての人々に恩恵を与える、というわけではありません。

現在では、多国籍化を促進するために、直接投資に関するルール（投資協定）が複数の政府の間で取り決められるようになっています。たとえば、米国、カナダ、メキシコ間での北米自由貿易協定（ＮＡＦＴＡ）や東南アジア諸国連合（ＡＳＥＡＮ）包括的投資協定などでは、直接投資に関する規制を相互に緩和していく「自由化」が進められています。さらに、積極的な誘致策として、多国籍企業に対して税金を減額・免除したり、進出する際に必要なビジネス情報を提供したり、工場用地（工業団地）を整備したりする途上国も少なくありません。

多国籍企業が引き起こす問題

多国籍企業は営利活動を目的とします。その結果として、自分の利益ばかりを考えて行動したとき、進出先の社会（途上国）にさまざまな問題を引き起こすことになります。

たとえば、生産コストを抑えようとするあまり、途上国の生産者の商品を生活が困難になるほどに安い価格で買い叩いたり、極めて低い賃金で子どもを工場労働者として働かせたりしている（児童労働問題）ような多国籍企業があるのも事実です。また、途上国では大気汚染や水質汚濁、土壌汚染などの対策のための環境基準が一般にゆるいので、汚染物質を排出する工場施設を途上国に移転したり、先進国では禁止されている化学物質を途上国の工場で使用し、自然環境を悪化させるといったこともあります（公害輸出）。さらに、多国籍企業が途上国の政府と癒着し、自分の利益のために進出先の国の政策や法律を自分たちだけに有利なように歪めてしまったり、汚職を蔓延させたり、あるいは、競争力が弱い現地企業の経営を悪化させてしまうこともあります。

忘れてはならないのは、それらの結果として、その土地に住む人々の基本的な生の営み、文化、伝統、コミュニティまでもが破壊されてしまうことすらあるということです。このような場合、原因究明や、被害者に対する補償・謝罪があいまいなまま放置されてしまうという問題も生じています。

３　途上国と多国籍企業——「企業の社会的責任（ＣＳＲ）」を考える

「企業の社会的責任（ＣＳＲ）」とは？

多国籍企業にはいくつかの「光と影」があるということを述べてきましたが、それでは、私たちの国際学の「学び」の立場から、地球市民社会の発展にとってより望ましい形で多国籍企業の活動をコントロールすることは可能でしょうか。実は、「影の部分」を抑えるためにも、「多国籍企業はその巨大な力の影響を受ける人たちのことも考慮しながら行動すべきだ」という考え方が近年広まっています。

その一つが「企業の社会的責任（ＣＳＲ＝Corporate Social Responsibility）」という規範に関する議論です。ＣＳＲとは「ステークホルダーの期待に自発的に応えつつ、環境や人権などに配慮した行動を取る企業の責任」のことです。ステークホルダー（stakeholder）とは、消費者や従業員（社員）、株主、取引先、地域住民、マスコミや政府、非政府組織（ＮＧＯ）など、企業の行動によって影響を受けたり、逆に影響を与えたりする人々や集団、企業の活動に利害関係を持つ人々・組織のことを指します。

ＣＳＲには二つの側面があります。一つは不公正、非倫理的な行動を取らないこと（消極的ＣＳＲ）、もう一つは社会的課題の解決に積極的に取り組んでいくこと（積極的ＣＳＲ）です。

以下では、具体的な題材を取り上げながら多国籍企業のＣＳＲを考えていきます。

公正・倫理の問題：スウェット・ショップの事例から

まず、不公正、非倫理的な行動を取らないというＣＳＲの側面について、スウェット・ショップ（sweat shop, 労働搾取工場）を取り上げましょう。

スウェット・ショップとは、低賃金、長時間労働、危険な作業環境といった、労働条件が著しく劣悪で不公正な職場のことです。低賃金で厳しい労働を強いるという点で、日本で最近話題となっている「若者を使い捨てにする企業」、いわゆるブラック企業と共通するところも少なくありません。

スウェット・ショップ問題では、マクドナルドやディズニーなど、多くの多国籍企業がＮＧＯやマスコミなどから批判を受けてきました。なかでも広く知られているのがナイキの事例です。ナイキは、シューズなどの高級スポーツ関連用品を販売する米国企業です。ナイキの特徴は、自社では工場を持たず、シューズの製造は主に途上国の工場に委託していることです。自らは主にデザインと販売戦略を手がけています。

ナイキに批判が集まったのは一九九〇年代のことです[5]。きっかけは、生産を委託していたインドネシアの工場における時給が一九セント（約二三円）で、工場労働者が粗末な社宅を離れられるのは日曜日だけだとした、米国のテレビ局ＣＢＳの放送（一九九三年七月）でした。その後、ホンジュラスの委託工場での児童労働や、有害な化学物質を扱う労働者がマスクや手袋をしていないという職場環境の問題なども表面化しました。さらに、一九九六年一〇月にはベトナムの職場環境を報じたドキュメンタリー番組「ナイキストーリー・イン・ベトナム」が同じくＣＢＳで放映され、大きな反響を呼びました。この結果、同社の製品に対する広範な不買運動が起こり、一時は売上高が前年に比べて七〇％も減少したのです。

これに対してナイキは一連の改革を進めました。具体的には、労働者の最低年齢を作業内容に応じて一六歳または一八歳に引き上げる、労働条件が適切であるとＮＧＯがお墨付きを与えた工場に優先的に仕事を発注する、といったことです。就業時間後に従業員が教育を受けられるよう、教員を雇い、教材を支給するというプログラムも導入しました。賃金水準に関してはなお批判が残ったものの、職場環境は大きく改善されたと評価され、ナイキへの批判は沈静化、売上高は回復しました。

ナイキへの批判は、自らの力を悪用して、「不当・不公正な労働」を押しつけているというものです。ただ、この問題はそれほど単純ではありません。

まず問題となるのは、「不当・不公正な労働」とは何かということです。たとえば、賃金を考えてみましょう。一般的に、途上国でも労働者に最低限に支払わなければならない賃金（最低賃金）が法律で定められています。ナイキの場合、生産を委託したインドネシア工場の賃金は最低賃金を下回っていたため(6)、明らかに問題があったわけですが、仮に「最低賃金は上回っていてもかなり低い賃金」だった場合にはそれで良いのか、という問題は残ります。というのも、途上国の中には最低賃金が支払われたとしても、その水準は低く、生活していくには不十分だという国も少なくないからです。その際、企業は、法律で定められた最低賃金を超えて最低限の生活を営めるだけの賃金（生活賃金）を支払うべきなのかということが問題となります。途上国と先進国とでは、労働者の権利や保護に関する法律や慣習、考え方が大きく異なっており、このことが問題を複雑なものにしています。

もう一つは、「不当・不公正な労働」を適用しない対象は、自分の会社の従業員だけでよいのか、それとも製造を委託した工場の従業員も含めるべきなのかという点です。当初、ナイキは、「問題は下請けの責任であり、自分たちには責任がない、それどころかそんなことは知る必要すらない」と主張していました。果たしてこの主張は、「よりよき地球市民社会を作り上げる」との私たちの国際学の「学び」の目標に照らし合わせたとき、正しい主張と言えるでしょうか。

多国籍企業への関心が高まる中で、国際機関やＮＧＯは従うべき指針や規範を作成してきました。これらには強制力はないものの、明確な違反を犯した企業に対しては政治的な圧力が加えられます。国際機関による行動指針の代表例は経済協力開発機構(7)（ＯＥＣＤ）の「多国籍企業行動指針」です。一九七六年に採択され、その後数回にわたり改定されてきました。その内容は「人権」「雇用及び労使関係」「環境」「贈賄、贈賄要求、金品の強要の防止」「競争」「納税」など、多くの面にわたります。このうち「雇用及び労使関係」については、「政府の政策の枠内で」という限定はあるものの、「できる限りよい賃金、給付及び労働条件を提供」し、「少なくとも、労働者及びその家族の基本的ニーズを充足するのに十分なものであるべき」こと、「実行可能な場合には、サプライヤー及び下請業者を含む取引先に対し、多国籍企業行動指針と適合する責任ある企業行動の原則を適用するよう奨励する」ことが盛り込まれています(8)。多国籍企業の社会的責任をより広く求めるものと言えるでしょう。

また、国際労働機関（ＩＬＯ）もこの問題に積極的に取り組んでおり、「多国籍企業における社会政策に関する三者宣言」（一九七七年）や「労働における基本的原則及び権利に関するＩＬＯ宣言（ＩＬＯ新宣言）」（一九九八年）を採択しています。ＩＬＯの行動指針は、使用者（企業経営者）、労働者、政府という三者の代表の合意に基づくものです。このほか、国連は、人権、労働基準、環境、腐敗防止に関して定められた、「国連グローバル・コンパクト（ＵＮＧＣ＝The United Nations Global Compact）」（二〇〇〇年）や、人権を広く尊重すべきことを定めた「人権に関する多国籍企業及びその他の企業の責任についての規範」（二〇〇三年、人権小委員会）、「ビジネスと人権に関する指導原則」（二〇一一年）を採択しています。

一方、ＮＧＯが示した行動指針としては、米国のＳＡＩ（Social Accountability International）によるSA8000（一九九七年）が有名です。主に労働条件を取り上げたこの指針においても多国籍企業の責任が広く捉えられ、「従業員が生活賃金を受領する権利を尊重」すること、また取引はできる限りSA8000の基準を満たす企業とだけ行うことが求められています。

スウェット・ショップは、人間が人間らしく生きる権利、すなわち基本的人権に関わる問題であり、決して許されるべきではありません。加えて、不公正な条件で途上国の労働者を搾取することがまかり通れば、多国籍企業は自社の活動を先進国から移そうとするかもしれません。その結果、働く場が減少した先進国では労働条件が悪化しないとも限りません。

社会的課題の解決：ＢＯＰビジネスの事例から

次に、企業は社会的課題に積極的に取り組むべきというＣＳＲの側面の事例として、ＢＯＰビジネスを取り上げ見ていきましょう。

ＢＯＰとはBase（or Bottom）of the Pyramidの略で、所得階層の底辺を指しています。一般には年間の収入が三〇〇〇ドル（約三六万円）未満の低所得者層（貧困層）を指し、その数は世界で推定四〇億人（二〇一三年の世界人口約七〇億人の五七％）に上ります。ＢＯＰビジネスは、購買力五兆ドルとも言われるこの巨大な市場における経済活動を通じて、貧困層の人々の生活水準の向上への貢献を目指すというものです。国連開発計画（ＵＮＤＰ）や世界銀行による支援も始まり、多国籍企業も

表2　主なBOPビジネス

（単位：ドル）

事業分野	具体例	市場規模
食品	より栄養価の高い、よりよい食品の提供	2兆8950億
エネルギー	送電網が未整備な地域における水力、太陽光発電	4330億
住宅	住宅建設、建設に必要なスキルのトレーニング	3320億
運輸	二輪車の販売、バスの運行	1790億
保健医療	医薬品や、その他保健医療関連の消費財（マラリア対策用蚊帳等）の提供	1580億
情報通信技術	携帯電話サービス（国際市場価格の動向収集や農産物の売買・集荷の手配、出稼ぎ労働者からの送金サービスなど）	510億
水道	水道網の整備、水質改善薬品の提供	200億
金融	携帯電話による送金サービス、安全な貯蓄手段	統計なし

出典：International Finance Corporation & World Resources Institute, *The Next 4 Billion*, 2007に基づき筆者（鈴木）作成。

数多く参入しています[9]。

たとえば、フランスの食品関連企業のダノン（Groupe Danone）は、貧困層の栄養不足を補うためにビタミンやミネラル豊富なヨーグルトをバングラデシュで、日本の住友化学は、マラリア予防のために殺虫効果の高い蚊帳をアフリカで販売しています。米国の家庭用品メーカーのユニリーバはインドなどで石鹸を販売することで、下痢性疾患による死亡を減少させようとしています。ＢＯＰビジネスの内容は多様ですが（表2）、いずれのビジネスも、貧困層が本当に必要とし、かつ従来の商品よりも効果の高い商品をこれらの人々が購入できるようにすることを理想としています。ビジネスという言葉に示されるように、ＢＯＰビジネスは利潤を得ることで経営を成り立たせようとします。

また、貧困層の人々の能力を活用しようとするのもＢＯＰビジネスの特徴です。たとえば、

ＢＯＰビジネスでは貧困層の人々をしばしば販売員として雇います。というのも、彼・彼女らには自分たちが住んでいる地域の住民がどのような商品を必要としているのか、その商品を誰が求めているのかをよく知っているという強みがあるからです。地域の人たちとも顔なじみなので安心して商品を買ってもらえる、ということもあります。つまり、ＢＯＰビジネスでは、貧困層の彼・彼女らこそが最も有能な販売員なのです。この考えの基本には、貧困層は怠惰な人々なのではなく、働く場さえあれば自分の生活を改善するために努力するはずだ、という人間への信頼がうかがえます。他方で、貧困層の人々は、仕事に従事することによって収入を得て生活を向上させることができるのです。これまでは「援助の対象」とだけしか見なされてこなかった貧困層の人々を、「ビジネスのパートナー」と位置づけている点にも新しさがあります。

とはいえ、貧困層の人々を購買層とする取り組みだけに、経営を成り立たせるのは容易なことではありません。とくに難しいのは商品の価格を抑えることです。そのために、商品を小分けにして一回当たりの購入額を抑えること、無駄な包装は行わないこと、低コストで生産できる技術を開発すること、大量生産でコストを下げること、不必要な機能を省くこと、といった取り組みが進められています。

途上国の貧困削減のための新たな試みとして、ＢＯＰビジネスが注目されるようになったのは二一世紀に入ってからです。その背景には貧困問題の解消が思うように進んでいない現状があります。これまでさまざまな援助が貧困緩和に向けて行われてきました。しかし、ともすれば貧困緩和のための援助プロジェクトは一時的で、しかも「恵む－恵まれる」という一方的な関係が固定されがちです。

また、援助に振り向けられる資金にも限りがあります。これに対して、BOPビジネスの場合、企業の資金や人材、技術・ノウハウなどを活用しつつ、経営が成り立つような経済的仕組みをうまく作れれば、継続的に貧困を削減していくことができます。つまり、多国籍企業の営利活動を貧困の削減と調和的に組み合わせ、役立てていく方策として、BOPビジネスには可能性があるのです。

多国籍企業の間にも、BOPビジネスは経営的に有望だという認識が芽生えています。一人ひとりが購入する額は小さくても人数が多いため、全体として見ると貧困層は有望な購買層となりうるからです。しかも、貧困層の人々を購買層として獲得する競争は、今のところ、先進国の消費者を相手にするほど厳しくありません。ただし、BOPビジネスにはさまざまな限界や批判を指摘する声があるのも事実です。本当に貧しい極貧の人たちは購買層にはならないという現実、貧困層の人々に商品を売りつけることへの倫理的な反発などです。こうした限界や批判を踏まえつつ、援助とも適切に組み合わせていくことが貧困削減につながっていくのではないかと考えられます。

貧困以外にも、地球温暖化、エネルギー問題、水や食料の供給など、世界的な規模で取り組まなければならない社会的課題は数多くあります。こうした中、近年、「共有価値の創造」（CSV＝creating shared value）に取り組む企業が増えています。[10] CSVとはビジネスとしてこれら社会的課題の解決に取り組む活動のことで、BOPビジネスはその代表的な例です。しかし、社会的課題の解決に必要な知識やノウハウが企業にはしばしば欠けており、また、一つの企業だけで社会的課題を解決するのは難しいものです。このため、企業は政府機関やNGOと協力してCSVに取り組むことが少なくありません。

たとえば、先に紹介したユニリーバの場合、自社の石鹸が下痢性疾患の予防に効果があることを人々に理解してもらうことが必要でしたが、そのための知識や経験が不足していました。そこで同社は、この分野での専門的な知識や経験を有するＮＧＯに協力を求めました。併せて、ＵＳＡＩＤ（途上国援助を担当する米国の政府機関）からはそのための資金を補助してもらいました。従来、企業はＮＧＯなどを自分たちの活動を妨害する存在と捉えがちでした。しかし、ＣＳＶを進めていく際には、政府機関やＮＧＯは欠かせないパートナーとなります。今後、ＣＳＶがさらに活発になっていくに伴い、企業と政府機関、ＮＧＯとの協力関係はさらに進展していくことでしょう。

４　地球市民と多国籍企業との関わり

本章では、多国籍企業に焦点を当て、現代の企業が多国籍化する理由や世界経済への影響、また近年の動向を見てきました。もともと企業は近代市民社会の中から生まれ、社会の一構成員として経済活動を担ってきました。しかし、今日ではその活動は国境を越え拡大し、多国籍化したことで「一国内の市民社会」の枠をはみ出し、ますます肥大化を遂げています。そして、多国籍企業は営利を優先するあまり、しばしば進出先の住民の生活を脅かす存在にもなってきました。巨大な影響力を振るう多国籍企業の振舞いに対して、とくに先進諸国と呼ばれる国々に住む私たちは「地球市民社会の一員」として、彼らの動きに注視し、彼らに「地球市民社会の一員」として相応しい、より公正で建設的な役割を担わせるよう働きかけていくべきでしょう。

ナイキの例を思い出してください。広範な不買運動の結果、ナイキは自らの仕事のやり方について改革を余儀なくされました。多国籍企業と言えども、市民からの支持が得られなければ発展はおろか存続することもできないのです。逆に、積極的に社会的課題の解決に取り組んでいる企業の商品を優先的に購入することで、私たちはそのような取り組みに対して支持を表明することもできます。私たちの意識や関わり方によって、多国籍企業の行動は変えることができるのです。

もともと、企業は市民の生活をより善いものとするために生まれ、発展してきた組織でした。あらためて、望ましい地球市民社会にとっての企業像を、私たちの国際学の「学び」ではさらに考えていく必要があるでしょう。

（鈴木正明・奥田孝晴）

注

（1）資本主義の経済では一国の経済活動は政府、企業、家計の三つの経済主体によって行われています。このうち企業は主に「供給者」としての役割を、また家計は主に「需要者」としての役割を担っています。

（2）これらの企業の約七割は米国、イギリス、フランス、ドイツ、日本など先進国に本社を置いています。本章では、世界経済に大きな影響力を持つこれらの多国籍企業に焦点を当てて論じていくこととします。

（3）Bruce Piasecki, *World Inc.*, Sourcebooks, Inc., 2007, p.38.

（4）八社とはトヨタ、ホンダ、日産、スズキ、三菱自動車、マツダ、ダイハツ、富士重工業です。

（5）ナイキに関する記述はデービッド・ボーゲル『企業の社会的責任（ＣＳＲ）の徹底研究』（小松由紀子ほか訳、一灯社、二〇〇七、一四三～一五三頁）に主として基づくものです。なお、同書は、ナイキが批判されたのは、労働慣行が同業他社と比べて劣っていたからではなく、リーダー的企業として人目を引く存在だったからだとも指摘しています。

（6）労働政策研究・研修機構のホームページ（http://www.jil.go.jp/jil/kaigaitopic/2000_01/indoneshiaP03.htm　二〇一四年八月二日閲覧）。

（7）ＯＥＣＤ（Organisation for Economic Co-operation and Development）は経済成長や途上国援助、貿易促進など世界経済に関する議論の場として設立された国際機関で、そのメンバーは先進国が中心です。加盟国三四カ国（日本は一九六四年に加盟）。

（8）本文中の引用（カギ括弧内）は二〇一一年改訂時の行動指針によるものです。原文は英語で、邦訳は外務省の仮訳によるものです（http://www.mofa.go.jp/mofaj/gaiko/csr/pdfs/takoku_ho.pdf）。なお、引用文中のサプライヤーとは、原材料や部品などを多国籍企業に提供する企業（供給業者）を指します。

（9）ＵＮＤＰは主に技術やノウハウの提供を通じ、また世界銀行は主に融資を通じて、途上国の発展を支援することを目的とする国際機関です。

（10）共有価値の創造を提唱した代表的な研究者は、著名な経営学者のマイケル・ポーターです。

参考文献

伊藤元重『改訂三版　ゼミナール国際経済入門』（日本経済新聞社、二〇〇五）

国連開発計画編『世界とつながるビジネス――ＢＯＰ市場を開拓する五つの方法』（吉田秀美訳、英治出版、二〇一〇）

Michael E. Porter and Mark R. Kramer, "Creating Shared Value", *Harvard Business Review*, Jan/Feb, Vol. 89 Issue 1/2, pp.62-77., 2011.

第6章 グローカリゼーションを考える

1 「グローバリゼーション」のもとでの地域社会

都市化する途上国の姿

いつものように、スターバックスにはノート型パソコンを広げている学生たちであふれています。英語でプレゼンの議論をしている学生、スカイプを使って海外に暮らす家族と話をしている学生がいます。店舗の外の駐車場を占めているのは比較的新しい日本産の乗用車ばかり。ここはいったいどこでしょうか？　実は「貧困大国」として知られるフィリピンの首都、マニラの平日昼間の風景なのです。おそらく、あなたが思い描いている「途上国」のイメージとは、大きくかけ離れていることでしょう。

一九六〇年代、東南アジアの国々では、人口の一七％が都市に住み、残りの八三％は農村に居住していました。しかし、その後、各国は経済成長を遂げ、平均して五〇％（二〇一一年現在）に迫る勢いで都市への人口集中が進んできました。経済成長と都市化はどう関係しているのでしょうか。これは各国の国内総生産（ＧＤＰ）の成長率の内訳を見るとわかります。東南アジアの国々では、ＧＤＰに占める都市経済の割合が高く、平均しておよそ八〇％です。都市化が進めば進むほどＧＤＰに占めるその割合も大きくなるため、多くの政府は、都市を経済成長の原動力と見なしています。[1]

都市化とともに、貧困率も相対的に低下しました。一九七〇年代前半、東南アジア諸国では人口の過半数が貧困状態にありました。平均寿命は四八歳で、成人人口の四〇％しか読み書きができませんでした。今日では、貧困層（主に経済的に困窮しており、安全な暮らしができず、さまざまな機会が制限されている人々）の割合は人口の約二五％に減少し、平均寿命は六五歳に延び、成人の約七〇％が読み書きができるようになりました。たとえば、インドネシアの貧困層の割合は一九七〇年代には六〇％でしたが、九〇年代後半には二七％にまで減り、タイでも二六％から一四％へ、マレーシアでも一八％から八％へと減少しました。[2] タイなどは、所得の面で途上国と先進国の中間にある中進国と言われるまでに成長しています。

こうした都市化のもとで何が起きたのでしょうか。

これらの国々では、海外の大企業を都市圏に誘致して雇用の創出を図り、地方から都市へ人口流入を促してきました。結果、高度な教育を受け、安定した職を持ち、分譲住宅に住む中間層が誕生しました。中間層とは、貧困層と、資本家である富裕層との間に位置する人々のことです。中小企業主、商店主、あるいは管理職や技術職に従事するホワイト・カラーなどを指し、近年ではこの層が国の経済活動の重要な部分を占めるに至っています。しかし、中間層の出現とは対照的に、都市には、貧困から抜け出せないために高等教育を受けられず、廃品回収業や土木労働、露天商などのインフォーマルセクター（公式に記録されない職種のこと）で働き続けている人々も依然として大勢暮らしています。したがって、都市に住む人々の格差はますます大きくなっています。これが、東南アジアをはじめ、急速に都市化を遂げた途上国における現状です。

貧困から経済成長へ――フィリピンの都市と農村で起きていること

都市化の傾向は、冒頭で触れたようにフィリピンでも起きています。一九七〇年代後半から、フィリピンは労働力を「輸出」することによって経済を盛り立ててきました。今日では、全人口の一二％に当たる一〇〇〇万人が世界各地で働いています。一方で、国内の製造業等はあまり育っておらず、サービス産業だけが突出するようになっています。その最たるものが、都市に建てられた巨大なショッピングモールです。飲食店や衣料品店など何十もの店舗が入居し、人々の消費欲をかき立てるような仕掛けでいっぱいです。このため、海外で働く人々が稼ぐ仕送りの多くは、国内に残る家族の日常的な消費に充てられ、残りは子どもの教育費や家族の医療費、家屋の建築費などに使い果たされています。結果、出稼ぎ先から戻ってもほとんど貯蓄はできず、再び出稼ぎに出ざるを得ないということが少なくありません。家族の離散は家庭の崩壊を招き、大きな社会問題ともなっています。

農村部での都市や海外への人口流出は深刻です。フィリピンの農村では、デルモンテ社（米国の食品メーカー）をはじめとする外資系企業によってバナナやパイナップル等の大規模農園が造られており、人々は長い間農園労働者として安く雇われてきました。自分の土地を持たない小作農の場合は、地主から土地を借りて野菜や穀類を作り、地代を差し引いたわずかな差額が収入源となります。小農（わずかな土地を持っている農民）も、コメやココヤシといった作物を生産して何とか生計を立てていますが、まとまったお金が入るのは数カ月に一度の（二期作、三期作の）収穫期に限られます。このため、多くの農民の生活はその日暮らしにとどまっています（これは先述した都市の貧困層も同じです）。家族の急病など緊急時の出費や子どもの授業料を捻出したくても、銀行からお金を借りるには保証人を立てたり、担保（借りた資金を返せなくなった場合に、お金の代わりに差し出すもの。たいていは土地）が必要になります。担保を持たない多くの農民は、銀行からお金を借り入れることすらできません。したがって、農村の人々の多くは地域の高利貸しや地主に家財を売ったり、いくばくかの土地を手放したりすることで当座をしのぎ、いよいよ収入源がなくなると必要に迫られて都市や海外に身一つで働きに出る、という負の連鎖に陥っているのです。

次節では、このような負の連鎖を断ち切る一つの試みとして行われてきた、小規模融資プロジェクトのいくつかの事例を紹介します。

2　自立のための小さな融資――地域の経済活動

マイクロクレジットとマイクロファイナンス

マイクロクレジットという言葉を聞いたことがありますか。

マイクロとは「小さな」という意味、クレジットとは融資を受ける「信用」のことを指します。すなわち、マイクロクレジットとは、通常の商業銀行からは融資を受けることができない人々を対象とする、非常に小額の融資、「小口融資」のことです。これは、「貧者に施しを与え、かわいそうな人たちを助ける」といった旧来の慈善的な援助の考え方ではなく、農民たちに、「今は貧困であっても適正な方法さえあれば自分たちにも隔資を返済できる力がある」という自負の念を取り戻してもらうための取り組みとして、人権尊重の精神に基づいて運営されています。

マイクロクレジットとして有名なのはバングラデシュの「グラミン銀行」の取り組みです。グラミン銀行を設立したムハマド・ユヌスさんが二〇〇六年にノーベル平和賞を受賞してから、マイクロクレジットという言葉がさまざまなところで聞かれるようになりました。グラミンとは、バングラデシュの母語であるベンガル語で「農村」を意味します。グラミン銀行は、一九八三年に貧困層の農村女性を対象にして、このマイクロクレジット・プロジェクトを立ち上げました。

グラミン銀行では女性たちに五～八人で一組のグループを作ってもらい、そのグループに対して融資を行ってきました。グループの連帯を担保とし、互いの信頼関係で融資のシステムが成り立つような仕組みです。融資は、個人の事業にのみ適用できます。このプロジェクトで女性に重点が置かれたのは、貧困が女性の機会や社会参画、尊厳を奪ってきたということがわかったからです。したがって、この取り組みは、返済の計画・実行を成し遂げることを通じて、地域社会や家庭での女性たちの地位向上を目指す、エンパワーメント（力をつけること、自立を促進すること）という性格を持っています。

一方のマイクロファイナンスは、同様の目的を持つ「小規模融資」に加え、「貯蓄制度」も備えています。いざというときに必要な資金を用意しておくことで、個人だけでなく、地域社会の開発にも力を入れていこうというものです。バングラデシュを含め、多くの途上国の場合、一般の市中銀行では少額（一〇円、二〇円単位）で新規口座を開設したり預け入れたりすることはできませんが、マイクロファイナンスでは非公式なシステムで少額貯蓄ができるようになっています。貯蓄するお金を集める人、貯蓄されたお金を管理する人などが必要となりますが、預ける側とすれば、信用の置けない人には大切なお金を預けるわけにはいきません。ですから地域の人々の間で信頼関係を築いていくことが求められます。参加する人たちはグループごとに毎週のように顔を合わせ、互いの問題を共有し、解決策を探りながら結束を高めていくことになります。そして融資を必要とする人に対して、グループ内で貯蓄したお金を融資し、有効に使われるように使途についても納得いくまで話し合います。地域全体の利益につながるような災害対策事業が融資金の使い道に選ばれることもあります。このように、マイクロファイナンスは、互いの信頼を高め合って地域内の共同体意識を醸成させ、地域社会としての資本を見つけ、地域の人々の組織力や発言力、交渉力を高めていくといった、地域社会全体の開発にも結びついているのです。[3]

フィリピンのマイクロファイナンス

フィリピンでは、一九九〇年代頃からマイクロファイナンスの事業体が増え、二〇一〇年にはNGO、銀行、組合などを合わせておよそ一万五〇〇〇団体、借入者数は五一〇万人にも達したと報告されています。[4] ここでは例として、フィリピン国内で三番目に多い会員数を誇るNGO、CARD（Center for Agriculture and Rural Development）が運営する取り組みを紹介しましょう。

CARDは一九八六年、「土地のない貧困女性のために、彼女ら自身によって所有され、経営される銀行を設立する」という目的で創設されました。二〇一二年には会員数を一四七万人まで増やし、貸付残高も約一一五億円に達しました。この実績が評価され、同NGOは二〇〇八年にアジアのノーベル賞とも言われる、ラモン・マグサイサイ賞（社会奉仕部門）を受賞しています。

CARDの会員となって融資を受けるには、こちらも約五人一組のグループを作って申請します。そしてマイクロファイナンスについての研修を受け、グループ内の信頼関係を育てながら融資額を増やしていきます。通常は一年ローンで最大四〇〇〇ペソ程度（二〇一四年現在、約九三〇〇円）が貸し付けられます。ただし、金利は年二〇％と決して低くなく、貸付時にも一〇・五％の手数料が天引きされる仕組みとなっています。また、多目的ローンとしていくつかの緊急ローンの枠も準備されています。「貧困者も貯蓄は可能である」という理念のもと、貯金教育を兼ねて会員は月二〇ペソの貯金を促されます。貯金金利は年八％で、四〇〇〇ペソを超えると引き出すこともできます。

フィリピンのサリサリストア。

貸付を受ける女性たちが最初に取り掛かることの多い事業としては、養豚や養鶏のほかに、サリサリストア（零細小売業店）が挙げられます。サリサリストアは、自宅の軒下や地域の大通りに開かれることが多く、携帯電話のプリペイドカードや付属品を売る店、缶詰や小分けにされた日用品を売る店、児童相手に揚げバナナを売る店など、ストアごとに取り扱い商品も多岐に渡ります。軌道に乗れば、パソコンを導入してネットカフェにしたり、冷蔵庫を入手して自家製アイスキャンディーを売りはじめたり、オーブンを購入してパン屋やケーキ屋に転じたりと、事業を拡大していくことができます。

このようにして会員はそれぞれの事業に取り組んでいきますが、継続させるには規律にも従わなければなりません。ＣＡＲＤでは、地域ごとに会員が集まる、週に一度の例会を行っています。毎週日曜日午前九時から行われる例会の参加率はほぼ一〇〇％です。参加率が高い背景には、理念に基づく厳しい罰則があるからでしょう。困ったことがあれば助け合うなど、会員同士の団結力も強く、会則を守ることによって多くの会員が家計を好転させていきました。結果、会員の三〇％が貧困状態から脱却し、多数が新たな収入源を確保することができました。住宅や自動車などを手にすることができた人たちもいます。[5]

とはいえ、一般にサリサリストアはつぶれやすい事業であるとも言われます。身近な人によるツケ買いが増えて赤字になってしまうと、資金繰りに困って別のマイクロファイナンスに手を出し、多重債務に陥ってしまったというケースは少なくありません。近所の成功に嫉妬を覚え、悪口を言う人もいます。また、都市の貧困地区の住民の中には、生活がうまくいかなくなると勝手に事業に見切りをつけ、故郷に戻ってしまう人もいます。このように、一方では、さまざまな要因によって会員同士の信頼関係が崩れ、事業が失敗に終わるケースも珍しくないのです。

問題を内包しつつも、貧困層の女性たちの地位向上と地域社会の開発に焦点を当てたマイクロファインアンスの取り組みは広く知られるようになりました。彼女たちは、つかみ取ったチャンスを活かして自らの生活の質の向上を図り、同時に家庭や地域を住みよい場所に変えていこうと、さまざまな事業に取り組んでいます。たしかに、人口移動が著しい都市では、会員が個人主義に走り、NGO等の外部から援助をもらうだけで、地域社会全体の底上げまでには至らない事例も少なくありません。地域社会の開発には、何よりも住民自身の地域への愛着と貢献、そして住民の心に寄り添う他者（支援者）からの助言が必要なのです。

3　日本の地域社会——高度経済成長以降

グローバル化に伴う都市化の波、そのもとでの外からの圧力、それによってローカルなコミュニティ（地域社会）に暮らす人々の生業や経済の仕組みが大きく揺さぶられ、貧富の格差が露わになっていくという現象は、なにも一部の途上国に限った話ではありません。先進国を自認している国でも実は起きているのです。このことを、みなさんにとって身近な足元の国、「日本」を題材に見てみましょう。

減少する自治体

みなさんは、日本にはいくつの自治体（市町村や東京二三区などの行政単位）があるかご存じでしょうか。二〇一四年四月現在、約一七〇〇です。そんなにたくさんあるのかと思う人も、少ないなと思う人も、いることでしょう。実は、日本の自治体数は市町村制が公布された一八八八（明治二〇）年以来、どんどん減り続けてきたのです。

明治政府は、江戸期には七万以上もあった集落（ムラ）を、戸数三〇〇～五〇〇戸を一つの自治体と見なして再編し、一八八九（明治二二）年には一万五八五九自治体にまでその数を減らしました。アジア太平洋戦争終結後には、地方自治を強化するために人口八〇〇〇人を一自治体の標準とした「昭和の大合併」と呼ばれる改革を行い、その後一九六一（昭和三六）年には三四七二自治体に減ら

米づくりは水が命。水と山の神に祈り、感謝し、祠りながら農村集落は保たれてきた。福島県北塩原村にて。

しました。そして二〇〇五（平成一七）年頃から始まった「平成の大合併」と呼ばれる再編によって、二〇一四（平成二六）年四月現在では一七一八自治体になり、今も少しずつ減り続けています。

合併が始まった初期の頃は自治体の力を強化するための統合が目的でしたが、現在の合併は、少子化や高齢化によって自治を維持できなくなった自治体が、より大きな自治体に吸収されていく形が増えています。事実、三大都市圏（首都圏・京阪神圏・中京圏）の人口が総人口に占める割合は、一九七〇年時点では四六・一％でしたが、二〇〇五年には五〇％を超え、二〇五〇年には五六・七％と、全体の六割に迫るとの推計がなされています。国の総面積で見ると、三大都市圏の人口集中地区（ＤＩＤ）が占める割合は全体のたった八分の一程度です。それっぽっちの土地に六割近くの人々が住み、対照的に、大きな産業を持たない地方都市では今後も高齢化・少子化による人口減少と過疎化に直面し続けていくというわけです。

地域社会の変容

江戸時代の「集落」は、農村社会や漁村社会を成り立たせるための集住地域でした。人々は家を一つの単位として、生まれた土地やたどり着いた土地で生活を維持するための生業を築き、作業の手間を分け合ってきました。同じ生業や同じ言語、宗教、祭りを共有して生活体系と生産活動を維持し、地域独自の文化を形づくってきたのです。このように、一つの地域に生き、暮らす人々が作る集団＝地域共同体をコミュニティと呼びます。米国の社会学者マッキーヴァー（一八八二〜一九七〇）は、学校、会社、教会など、目的によって結合した人為的団体としてのアソシエーションと対比させて、コミュニティを「社会集団の類型であり、個人を全面的に吸収する社会集団。家族・村落などを指す」と説明しています。つまり、コミュニティとは血縁・地縁からなる共同体であり、物理的・空間的な共同（＝居住地域）と、精神的な共同（＝共属・共同体感情）の二つの性格を持つとしています。現在の日本の自治体は、いくつものコミュニティの集合体です。あなたの家の住所の、〇〇市や〇〇町、〇〇村に続く大字の下に小字があったとすれば、その名称がかつての集落やコミュニティを示す名残りと言えます。

自治体の減少とは、コミュニティの変化を意味しています。

高知大学名誉教授で地方自治を専門とする大野晃さんは、六五歳以上の高齢者の人口比率が半分以上で、冠婚葬祭や祭事などのコミュニティとしての活動の継続が危ぶまれる集落を、象徴的に「限界集落」と呼びました。大野さんは、このような集落は増え続けており、「集落の限界化」を超えて今や「自治体の限界化」が進んでいると指摘しています。二〇五〇年までに、現在の自治体のうち三分の一近くの自治体が消滅するというショッキングな予測も発表されています。引き金はグローバル化に伴うライフスタイルの変化と地域社会の変容です。しかし、その原因を探るにはみなさんが生まれるよりずっと以前にまで遡らなければなりません。

高度経済成長とコミュニティの空洞化

日本は、アジア太平洋戦争終結当時は今で言う途上国であり、農業国でした。そして終戦後から急速な経済成長を遂げてきました。それは一九五〇年に始まる朝鮮戦争によって軍需産業が好景気をもたらしたことが一つの引き金でした。一九六〇年前後からは繊維や機械などの輸出産業が好調となり、民間企業の投資による鉄鋼や石油化学などの工場建設、コンビナート建設等が臨海部で進み、京浜地域から京阪神地域にかけては「太平洋ベルト地帯」と呼ばれる工業地帯が出現しました。この時期の実質経済成長率は年一〇％を超え、当時の政府は「もはや戦後ではない」（一九五六年、経済白書）と宣言し、政策として「所得倍増計画」（一九六〇年、池田内閣）等が打ち出されました。国民全体に共有された「経済的な豊かさ」という認識は一般家庭の生活レベルの向上や消費の増大となって現れ、各種産業はますます活発になっていきました。人々は「三種の神器」と称された冷蔵庫・テレビ・洗濯機等の電化製品を競って購入し、余剰所得と余暇時間を使って観光に出るようになりました。

国際市場でも日本の存在が認められるようになります。一九五二年に国際通貨基金（ＩＭＦ）への加盟を果たした日本は、五五年には関税と貿易に関する一般協定（ＧＡＴＴ）に加盟し、国際収支を理由とした輸入の数量制限を禁止されるＧＡＴＴ一一条国になりました。これにより海外からの輸入品への数量枠が突破され、安い外国産品が流れ込むようになりました。また、六二年にはＩＭＦ八条に従い外国為替の売買や保有を自由に認められる国になりました。そして六四年には経済協力開発機構（ＯＥＣＤ）への加盟が認められ、国際社会において日本は途上国を援助する先進国の一員となったのです。六八年には自由主義経済国内で米国に次ぐ第二位の国民総生産（ＧＮＰ）を示すまでに至りました。五五年から七三年まで続いたこの経済発展の時期を「高度経済成長期」と呼んでいます。

しかし、その一方で、これまで日本の主産業であった農・林・漁業が、この時期に製造業にその立場を奪われ、農山漁村は急速な経済成長が落とした影の部分を担うことになったのです。

工業地帯や都市に拠点を構えた企業は大量の労働力を必要としました。同様に、物流ルートとなる鉄道網や道路網の敷設、あるいは水力発電所や火力発電所などのエネルギープラントの建設などにも多くの作業員が必要となりました。その要員となったのが農山漁村の人々、とくに働き盛りの年齢層の男性たちだったのです。農閑期の出稼ぎ労働をはじめとして、彼らは故郷を往復しながら短期間の就労を繰り返していました。働き盛りは子育て世代でもあります。農山漁村に残るのは老親世代と子どもや妻だけ、あるいは子どもたちを教育水準の高い都市へ呼び寄せれば、残るのは親世代だけ、という現象が各地方で生じました。やがて子どもの代になると、今度は故郷を離れて都市に移り住み、それぞれ家庭を作るようになりました。このように社会的な理由で転居が進み人口が減少することを（「自然減」に対して）「社会減」と呼びますが、社会減の結末である「過疎」が社会問題となったのは、一九六〇年代半ばのことでした。

働き手や就学期の若者たちがいなくなった農山漁村では、残された高齢者や女性でも農地が管理できるように機械化を進め、子どもたちも動員されました。機械化とともに農地の平地化や規模の拡大も進み、手に負えなくなった農地は耕作放棄地として遊休地化し、やがて宅地や商業地域等に転用されていきました。ＧＡＴＴによって徐々に始まった農作物や材木の輸入自由化も、農林業の存続に大きな影を落としました。そして、かつてコミュニティの人々を精神的につないでいた地域の祭りは、役割を分担する担い手が少しずつ減ったために存続できなくなったり、毎年の祭りを数年に一度の開催に変更したりすることで、その継承も危うくなっていったのです。

戦後間もなく始まった「燃料革命」も、農山村に変化をもたらしました。私たちの生活に必要な熱源はそれまで薪や木炭によって確保していましたが、戦後一斉に石油や石炭にシフトしました。薪炭林として維持されてきた広葉樹を主体とする雑木林の山は価値を持たなくなり、代わりに、発展する都市の住宅建設に必要なスギやヒノキなどが重視され、これらの植林を中心とする「拡大造林」政策が全国的に進められることとなりました。ところが、先述したように海外から安価な木材が輸入されはじめると、国産材は伐採や流通の道が細っていきました。かつては「一本伐ればン百万円の儲けも夢ではない」と言われた山師も担い手が次々と減り、森は放置され、手入れをする人がいなくなりました。みなさんの中にも花粉症に悩まされている人がいると思いますが、その原因として目の敵にされることもある広大なスギやヒノキの森はこうして放置された遺産なのです。鬱蒼とした荒廃の森は大雨や台風で流されれば凶器となり、人の命さえ奪います。

現在、徐々に力を失っていく農山漁村を襲っているのが、少子化と高齢化による「自然減」です。過密化する都市、人も生業もコミュニティも姿を消していく農山漁村。これが先進国・日本で起きている格差の実態です。もしかすると、あなたのルーツも、そのような農山漁村にあるかもしれません。ご両親やおじいさん、おばあさんに話を聞いてみてください。やがては農山漁村からの人口移動によって支えられてきた都市人口も減っていくと予想されています。

４　ローカリゼーション運動――地域社会再生の動き

若いあなたは次の時代を作る立場にあります。都市が犠牲にしてきた地方のコミュニティをどうすればいいでしょうか。そんなこと聞かれたって私のせいじゃない、生まれる前から始まっていたのだから、その流れは止めようがないじゃないか、そう思いますか？

ここで筆者（海津）がまちづくりに関わったある町の例をご紹介しましょう。徳島県上勝《かみかつ》町です。

上勝町は、徳島空港から車で一時間半、勝浦川中流域にある山村です。上流を目指してバスを乗り継ぎようやく到着する山間にあり、人口は一四〇〇人、高齢化率五二％に達する小さな町ですが、有名な「葉っぱビジネス」をはじめとする先鋭的な取り組みによって、今や日本国内だけでなく海外からも注目されています。

「葉っぱビジネス」とは、刺身などに添える「つまもの」として里山に生える草木を採取し、全国の市場に出荷するというものです。(6) 一九八一（昭和五六）年の冷害で基幹産業のミカンの木が全滅し、次なる産業興しに悩んだ農協（ＪＡ）が出した代替案の一つでした。枯れ果てた果樹園からふと山に目を転じると、そこにはあふれるほどの〝役に立たない〟木々がありました。その若芽や葉を切り出して売るというシンプルな仕組みですが、ＪＡ職員の熱心な市場回りと徹底した品質管理、品揃えの速さとが信頼を得て、今では国内シェア八割を占めるまでに成長しました。町は「株式会社いろどり」

を立ち上げ、ビジネスモデルを築いてきました。植物を採取するのは契約農家二〇〇軒。家の周りの草木を摘むだけなので、コツさえつかめれば高齢者でも働けるとあって、主戦力の女性たちはなんと平均年齢七〇歳。ＪＡは毎朝市場からの発注情報をネット経由で流し、出荷に応じられる農家はすぐに出荷エントリーして製品をＪＡに届けます。そう、平均年齢七〇歳の農家のすべてがＰＣユーザーです。タブレット片手ににっこりほほ笑む〝おばあちゃん〟が年収ン百万円だったり、彼女らの高収入を狙った業者が町内に出没したり…。「孫におみやげを買ってあげられるのが一番うれしい」という声が最も多いそうです。

二一世紀になった頃、役場はコミュニティ（地区）単位で新しいビジョンやアクションを作り出してもらおうと、住民それぞれがアイディアを出し合ってまち興しに参加する「１Ｑ運動《いっきゅう》」を始めました。１Ｑとは一休さんの「１」と問いを意味する「Ｑ」を掛け合わせたもの。一休さんの頓智にあやかり、課題は知恵で解決しようというわけです。住民たちが集まって地蔵の課題や提案を話し合い、やりたいことが固まって行政の手助けが必要になったら応援を求めます。声を出しやすい場を作り、役場職員は声を聞き取って対応していきます。役場に依存しない町民を作るのがこの運動会の狙いです。

ある地区では外の人に来てもらいたいと考えました。そこで、民家の空き室を活用してホームステイしながら村の生活を体験する「里がえるツアー」を企画して実施しました。実証実験に成功すると町は内閣府の構造改革特区として「上勝町まるごとエコツー特区」を取得し、ホームステイと農作業体験を組み合わせたワーキングホリデーという商品を作りました。知恵を出せば何でもできるという意識が町の人々の中に育っています。そして「引退」という概念はありません。課題は多くひっきりなしに生じますが、人の手のぬくもりや対話、世代や家の枠を超えた思いやり、頓智などが原動力となって〝明日への提案〟を創り出そうとしています。

他にも上勝町では、ごみ回収の環境問題と町の財政を考え、町で一カ所の「ゴミステーション」を設置し、徹底した分別とリサイクルの実施を始めました。そのまま使えそうなごみはステーションのスタッフが手を加え、「持ち出し自由コーナー」に回します。税金を使ったごみ回収は不要となり、ステーションはごみ教育の場になりました。この上勝方式は、オーストラリアを発祥地とする「ゼロ・ウェイスト運動」の日本国内初の実践基地となり、循環型社会づくりを研究・提案・実践するＮＰＯ法人「ゼロ・ウェイストアカデミー」とリサイクルショップ「くるくる」の起業へと発展しました。

ゴミステーション。35分類にごみを仕分ける。徳島県上勝町にて。

　近年、上勝町にはＵターン者やＩターン者が目立つようになりました。その中には、海外で環境学を学んでその知識や経験を上勝町で活かそうとやって来た若者、都市住民が羨んで訪れる憧れの地にしようと情報発信に取り組む者、誰でも寄り集い、何かが生まれる拠点にしようとカフェを開いたＵターンの若夫婦もいます。農業や林業が盛んだった頃のコミュニティとは異なる、今ある資源や人を生かす形での、時代とニーズに合わせた新しいコミュニティが育ちつつあります。

人々を動かしているのは貨幣経済ではなく、「みんなの故郷として生活環境を創ろう」という意識です。まさにOne for all, all for one（一人はみんなのために、みんなは一人のために）の精神でまちづくりを続けています。超過疎地と言ってもよい小さな町の取り組みは、国内だけでなく国際協力機構（JICA）等を通じて海外へも発信され、各地から視察者が訪れています。小さな町のローカルな挑戦がグローバルな関心を集め、そしてその情報が世界に伝わっているのです。

5　グローカリゼーションの時代へ

国の発展とは関係なく、都市と地方は光と影または表と裏の構図を呈してきました。グローバリゼーションに伴う都市化のもとで、ローカルな地域社会は経済の仕組みを大きく揺さぶられています。地方と都市を問わず、貧困と富裕の格差はますます拡大していきます。往々にして、グローバリゼーションの動きとしての都市化がローカルな地域社会を破壊してきたのです。でも、それに従わなければならない理由はどこにもありません。ローカルな地域社会の挑戦（コミュニティ開発）が世界を変えていく可能性はあるのです。フィリピンの農村や上勝町のように、小さな単位だからこそできるさまざまな試みや運動が、今、世界のあちこちで始まっています。グローバルな課題や問題を踏まえながらローカルな課題や問題に取り組むこと、コミュニティとグローブ（地球）との連続性を意識しながら自分の足元を変えていくこと――この章のタイトル「グローカリゼーション」とはその提案を意味する造語です。標語ふうに言うなら、Think globally, act locally（地球規模で考え、地域で活動する）。フィリピンで起業に目覚めた女性たちや、上勝町で笑って一生を過ごしたいと挑戦し続けるお年寄りたちをはじめ、新しい発想で動き出した世界中のさまざまな人たちによる挑戦的な取り組みによって、地域社会（コミュニティ）のあり方は変わり続けています。ローカルが変わればグローバルも変わるのです。

ここに、私たちの国際学の「学び」へのヒントがあります。まずは身近な地域社会に目を向けて、自分に何ができるかを考えることから始めてみましょう。

（海津ゆりえ・渡邉暁子）

注

（1）　Scott Muller, "Urbanization, Infrastructure and Economic Growth In Southeast Asia," *Institute for Sustainable Communities,* November 14, 2013（http://www.iscvt.org/news/urbanization-infrastructure-and-economic-growth-in-asia/）。

（2）　同上。

（3）　稲本悦三「マイクロクレジット（小規模融資）とマイクロファイナンス（小規模金融）とコミュニティ開発について　アジアのマイクロファイナンスの事例から：コミュニティビジネス　新たなる就労創出――個から全体へ」（http://www.kocer.re.kr/xe/?module=file&act=procFileDownload&file_srl=2791&sid=d49fbef9cd7827b8e420fe8f178458b　二〇一〇年一月一二日閲覧）。

（4）野口彰英「フィリピンにおけるマイクロファイナンスの浸透」（http://henjinpooh.up.seesaa.net/image/A5D5A5A3A5EAA5D4A5F3A4CBA4AAA4B1A4EBA5DEA5A4A5AFA5EDA5D5A5A1A5A4A5CAA5F3A5B9A4CEBFBBC6A9.pdf　二〇〇九年九月二七日閲覧／二〇一五年一月現在・閉鎖）。

（5）関谷宏彦・伊藤友見「マイクロファイナンス産業の新たなビジネスモデル展開についての調査」（『日経研月報』二〇一一年八月号）。

（6）野山の植物を使用して作るつまものを流通させるビジネス。徳島県上勝町の農協（ＪＡ）が一九八六年に始めた。いろどり産業と称する。

参考文献

アビジット・Ｖ・バナジー／エスター・デュフロ『貧乏人の経済学――もういちど貧困問題を根っこから考える』（山形浩生訳、みすず書房、二〇一二）

福井清一編『新興アジアの貧困削減と制度――行動経済学的視点を据えて』（勁草書房、二〇一四）

坪井ひろみ『グラミン銀行を知っていますか――貧困女性の開発と自立支援』（東洋経済新報社、二〇〇六）

笠松和市・佐藤由美『持続可能なまちは小さく美しい――上勝町の挑戦』（学芸出版社、二〇〇八）

藻谷浩介・ＮＨＫ広島取材班『里山資本主義――日本経済は「安心の原理」で働く』（角川 One テーマ21、角川書店、二〇一三）

小田切徳美『農山村再生――「限界集落」問題を超えて』（岩波ブックレット No.768、岩波書店、二〇〇九）

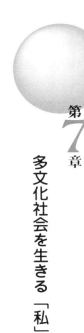

第7章 多文化社会を生きる「私」

1 「均質性の高い日本人」？

日本で「多文化社会」や「多民族社会」について考えると言えば、どこか外国のことを考えるといった感覚ではないでしょうか。実際、日本で生活する限り、容姿や肌の色などの面で多様な人間と触れ合う機会は日常的には少ないから、日本国は基本的に「日本人（日本民族＝大和民族）」という単一民族と「日本文化」という単一文化によって構成されている、と考えている人は多いでしょう。

このような考え方は、学校教育が行う「世界の地理」や「日本の歴史」の学習内容、あるいは学校教育そのもののあり方から影響を受けていると考えられます。「日本は世界でも稀に見る均質性の高い社会だ」とか、「日本は歴史上、島国という地理的な条件も手伝って、他国による侵略や占領から免れた珍しい国だ」といった考え方を「正解」として刷り込んできたのは、主に学校教育の現場においてではないでしょうか。

多くの日本人は、歩いて通学できる範囲内にある義務教育機関（小・中学校）に通っています。児童・生徒たちはそこで一日の大半を過ごします。いわゆる教科課程教育だけでなく、部活などの課外活動も学校内をベースにして執り行われています。筆者たちも同じ経験をしてきました。一地域内の、いわば隔離施設のような小集団の中で過ごす時間が一日の大半を占めるようになると、あたかも学校が自分を取り巻く社会そのものであるかのような錯覚に陥ってしまうのは、自然なことかもしれません。小さな社会と見なされた学校は、まるで子どもに文化的な同質性を獲得させるための機関のようになっているのです。

「均質性の高い日本社会」という考え方が普及したのは、したがって、もともと日本国に、民族的に均質な日本人がいるからではありません。「均質性の高い日本社会」という社会観は、むしろ学校を起点とした「国民教育」の結果として作られたと考えるほうが的確と言えるでしょう。

私たちの国際学の「学び」において問題として考えたいのは、果たして「均質性の高い日本社会」という表現は正しいのか否か、事実に合っているのか否か、ということです。「均質性の高い日本社会」とは、あくまでも、学区のように歩いて移動できる範囲内での現実なのではないでしょうか。いったんその範囲から離れ、視野を広げれば、日本にも均質でない多様な人々が生活し、それぞれの地域の中で独自の文化を育んできた（いる）ことが見えてくるはずです。そのとき、目の前の「日本社会」の現実は、あなたの信じていた日本の姿とは異なったものに映るかもしれません。そして、そのことに新鮮な驚きを覚えるかもしれません。本章では、それに気づくいくつかのきっかけを提供したいと思います。

2　エキゾチックな他県民――隣の日本人は異文化人？

いきなりですが、「菊」の花はあなたにとって美味しそうに見えますか？　秋田県南部に生まれ育った筆者（山脇）にとっては、黄色い菊の花は見るものというよりは食べるものなのです。地元では、黄色い菊の花は茄子《なす》の漬物の上に乗せられて「はなずし」と呼ばれる料理に使われている他、酢の物やおひたしとしても好んで食べられています。独特のほろ苦さがくせになる食材です。このように菊を食べる地域は、山形県から秋田県にまたがって広がっています。

菊に限らず、地域ならではの食材を使った食文化は、細長い日本列島の多様な地理的特色を反映して、意外にたくさん存在しています。秋田のしょっつる鍋、甲州のほうとう、越前のなれずし、名古屋の味噌煮込みうどん、宮崎のひや汁など、多様な自然環境に応じて形づくられてきた彩り豊かな郷土料理が、日本列島には数多く存在しています。

では、これらの郷土料理を「日本料理」としてひとくくりにすることは適切でしょうか。国連教育科学文化機関（ユネスコ）の無形文化遺産に登録された「和食」には、これらの郷土食は入っているでしょうか。また、逆に、日本料理店で必ずと言ってよいほど提供される刺身をはじめとした「日本料理」は、伝統的に日本人が食してきたものと言えるでしょうか。

実は、現在の日本料理店で提供される日本料理の多くは、それほど長い歴史を持っているわけではありません。たとえば、刺身を全国の津々浦々の家庭に提供できるようになったのは、冷蔵貯蔵・運送の技術が普及した後です。それまでは、新鮮な魚を生で消費できるのは、海岸地帯に限られていたのです。刺身が現在ほどの普及を見るのは、一九七〇年代以降と言ってよいでしょう。

刺身以外のてんぷら・すき焼き・肉じゃが等の料理も、日本人が日本の伝統として日常的に古くから食べてきたものではありません。てんぷらは、ポルトガル語やスペイン語が語源だという説があるように、一六世紀に日本にもたらされたポルトガル料理がもとにあると言われています。すき焼きのもとになった牛鍋は、明治の文明開化のシンボルとされた料理であることは広く知られていますし、肉じゃがのルーツは明治の日本海軍がイギリスから学んだカレーの調理法に拠ると言われています。「肉じゃが」と呼ばれるようになったのは一九七〇年代以降のことにすぎません。

今日のように食に関わる産業が発展し、食の近代化政策による全国的な食文化の均質化が進む時代にあっても、先に述べたような多彩な郷土食は、日本の各地域の中で根強く継承されてきました。このことは、それぞれの地域に実際に出向いて、地元の人々が食べているものに触れなければなかなか実感できるものではありません。だからこそ、国内観光での日本人の一番人気は、「地元の名産物や名物料理を食べること」なのかもしれません。

日本において最も「地方色」の強い郷土食と言えば、沖縄の食べ物です。沖縄のおせち料理は他府県とは著しく異なります。日本の正月につきものの料理と言えばお雑煮（餅を入れた吸い物）であり、各地方によって味付けや具材に多様性があることはよく知られていますが、沖縄にはそもそも雑煮が存在しません。沖縄において正月や節句などのお祝いで食する吸い物と言えば、なかみ汁（臓物・こんにゃく・椎茸などが入っているすまし汁）です。また、お祝いの料理には豚肉料理が欠かせません。明治に入る以前、沖縄を除く地域では仏教的タブーによって四足の動物の肉が一般に食べられることはほとんどありませんでしたが、これと異なり、沖縄では琉球王朝が中国との朝貢貿易を長年にわたって行ってきた伝統もあって、中華文化圏で好まれる豚肉をメインにした行事食が定着しています。

このように、日本の食の多文化性を「地方色」として知り、実際に味わってみることはとても楽しいものです。しかし、一方で、「均質性の高い日本社会」を前提に、日本で最もエキゾチックな存在として「異化」されてしまうのが沖縄県の人々の生活であり、また北海道を中心に居住しているアイヌの人々の生活であることも忘れてはなりません。これらの地域は、明治日本の近代化の過程で「征服」され、「日本国民化」政策によって自らの伝統・文化を踏みにじられた経験を持っています。

日本政府は二〇〇八年になってやっとアイヌの人々を日本の先住民族として認めました。アイヌの人々による訴えやこれを支援する国際的な市民運動が実を結び、先住民族としての自分たちの人権を国に認めさせることになったのです。そういう意味では、日本政府が日本に生活する人々の多様な文化の存在を公式に認めるようになったのは二一世紀に入ってからのことであり、これは新しい社会変化と言えるかもしれません。

3　日本におけるエスニック・タウン

ここまで、日本の内側にある多文化状況を見てきましたが、本節では、外からやって来たことが明らかな人々による日本の多文化状況の一例として、「エスニック・タウン」を取り上げましょう。エスニック（ethnic）とは、国民文化とは異なる独自の文化を維持している、国民国家内部で生活する少数民族のことを指します。

日本のエスニック・タウンと言われて、誰もがまず思い浮かべるのは中華街（チャイナ・タウン）ではないでしょうか。中華街と言えば、日本人の間では独特な色彩とデザインを持つ中華門や関帝廟といった建造物をはじめとして、一般には、湯気の上がる中華まんじゅう（肉まん）の蒸籠が軒先に並ぶ中華料理の街というイメージが定着しています。一九八〇年代以降の横浜・中華街の観光地化に伴って、この街では春節（中国の陰暦の正月）祭の催しが大々的に行われるようになり、最近では、この時期になると獅子や龍が舞う賑やかなパレード風景が必ずニュースでも取り上げられる恒例の大イベントとなっています。

ただ、中華街の観光地化が進んでも、そこを訪れる日本人一般が在日華人コミュニティの歴史に関心を高めてきているようには見えません。むしろ、その多くは、日本の現実から切り離された地区として、日本人がイメージする「中国」的要素を集めたテーマ・パークに出かけるかのような心持ちで、この街を楽しんでいるように見えます。この街に住む在日華人の人たちがどのようにしてこの街で生

長崎市にある孔子廟。華人コミュニティにとって心のよりどころであり、世界各地に建立されている。

きてきたのか、その祖先とともに築いてきた歴史や文化への関心はほとんど見られません。在日華人コミュニティの象徴と考えられている中華街がどのように形成されてきたのか、振返ってみる必要がありそうです。

日本で最も歴史が古い華人コミュニティと言えば長崎です。江戸時代に中国やオランダとの交易が許されていた出島のある長崎の郊外に、「唐人屋敷」という中国人居留地が設けられていた時代のことです。その後、一八五八（安政五）年の安政五か国条約（日・蘭・露・英・仏）に基づき、日本が函館・神奈川・長崎・兵庫・新潟を開港すると、大坂市と東京市の開市も含めて、これらの地域には外国人の出入りを認める居留地・雑居地が作られることになりました。このとき横浜・神戸・長崎の三つの居留地内に形成されたのが日本における中華街の始まりです。一八九九（明治三二）年に居留地は廃止されますが、その後も華人コミュニティは存続し、これが現在の三大中華街として発展していったのです。

実は、開港・開市によって日本人と西洋人が互いにコミュニケーションを取る必要に迫られたとき、西洋人が仲介者として頼ったのが中国人でした。中国人は香港や上海などですでに西洋人と接触し、西洋の言葉や文化を学んでいました。また、日本人とは漢字の筆談でコミュニケーションを取ることができたため、中国人「通訳」は日本で商売などをする西洋人にとっては欠かせない存在となっていました。さらに、西洋人の生活には欠かせない洋裁仕立て屋、ペンキ塗装職人、パン職人など、当時の日本人にはまだ知られていなかった分野も、中国人職人によって担われ、居留地での経済活動を支えていました。当時の居留地人口の約六割が中国人だったそうです。

居留地が廃止された後も、外国人が集住する地域は残りました。しかし一九二三（大正一二）年の関東大震災とその後のアジア太平洋戦争の影響によって、居留地の面影は失われます。それでも戦後の復興の中で、「南京町」と呼ばれていた三つの中華街は徐々に整備されていきました。こうして再生されたのが現在の中華街です。

このように、戦前までの中華街は在日華人にとって、異国の地で仲間同士が助け合って生きる生活の場であったことがわかります。また、戦後すぐに今のような姿になったわけではありません。戦後は中華文化を媒介に日本人との交流の場を創造してきた歩みがあったのであり、そうした歴史の中で徐々に観光地化が進められてきたと言えます。

現在のような日本の中華街の姿は、ある意味では、在日華人と日本人とのコミュニケーションによって創られてきたとも言えるかもしれません。中華料理が日本の一般家庭に広まったのは戦後のことです。日本の中華料理は本場の中国とは似て非なるものだと言われていますが、日本での中華料理の普及は、戦前の近代日本国家が中国大陸を植民地化する過程で、大陸に渡った多くの日本人が現地で本場の中華料理を食べる経験を持ったことに大きく関係していると考えられます。本場で中華料理を食べた日本人が本国に戻り、これを日本人になじみやすい形にして広めたことはよく知られています。「本場の中国の味を中華街で味わえる」――現在、これが日本人観光客にとって「中華街の最大の魅力」になっているのは、日本人にとって中華料理がなじみやすい味になっているからなのです。少なくとも私たちは、そのなじみやすさが、植民地支配の歴史によってもたらされたということを忘れてはならないでしょう。

ところで、近代日本国家によるアジアの植民地化の結果として国内にエスニック・タウンが形成された代表例としては、在日韓国・朝鮮人＝コリアンの集住地区が挙げられます。一九一〇（明治四三）年の「日韓併合」によって朝鮮半島が日本の植民地になると、地理的な近接性もあって、日本統治下の朝鮮半島や済州島からは、生活の糧を求めて、あるいは強制連行によって、多くのコリアンが日本本土に流入しました。働き手の多くは、炭鉱、軍需産業、あるいは関西や関東の都市部下層労働市場に雇われて、土木作業員や職工などに従事しました。コリアンであるという理由だけで、住む場所や仕事が提供されないという差別的待遇も一般的になされていました。そのために、関西・関東の都市部においては、被差別地域＝同和地区のような、日本の差別構造を温存する限られた地域に集住することになったのです。

次に、世界的に人の移動が活発化する一九九〇年代以降の状況を見てみましょう。今日では、日本でも移民が増加傾向にあります。世界中のさまざまな地域からやって来ます。この二〇年間に、在日外国人の人口増加率は約一・六倍（二〇一二年時点で約二〇四万人、全人口の約一・六％）となっています。在日外国人登録者数では、上から、中国、韓国・朝鮮、フィリピン、ブラジル、ベトナム、米国、ペルー、タイの順となっています（二〇一二年現在）。

こうした流れの中で、ブラジルからの移民が集住する地域には「リトルブラジル」ができました（ブラジルからの移民は日系人を対象にした一九九〇年の入管法改定以降、急増します）。代表的なのは、群馬県大泉町・太田市、静岡県浜松市、愛知県豊橋市などです。これらの地域には、ブラジル人の生活に欠かせないモノやサービスをポルトガル語で提供する商店、施設が整備されています。食料品店、飲食店、中古車店、銀行などをはじめ、子どもに本国式の教育を授けるためのブラジル人学校も設立されています。

群馬県大泉町にあるブラジル・スーパーを中心にしたショッピングセンター。

さて、ここでみなさんに質問します。あなたはこのような今日的状況をどのように考えますか。日本に移住してきた人たちが、出身国の人々同士で生活するために集住し、一つの地域を作り、出身国の言語とスタイルで生活や仕事、教育活動を営んでいる状況を、望ましいことだと考えますか、そうでないと考えますか。この問いへの答えは、あなたがどのような立場から考えるかによって変わってくるかもしれません。

まず、移民の立場から考えてみましょう。言葉も習慣も文化も違う日本にやって来て、まず頼りになるのは、当然、同じ国からやって来た先輩移民であることは間違いないでしょう。これは容易に想像できます。先輩移民は生活のこと、仕事のこと、住居のことなど、親身になって面倒を見てくれるでしょう。したがって、自然に先輩移民の住む地域に集まることでしょう。本国と同じような環境がその地域に作られていくのは、移民の立場に立てば望ましい形であることが見えてくるはずです。

一方、こうした状況を、「均質性の高い日本社会」という眼鏡で見たなら、どのように映るでしょうか。日本で生活しているのに、日本語でのコミュニケーションを取らず（取れず）、日本社会とはなじまずに「異質な生活空間」＝「外国」を地域に作っている近寄りがたい存在、と映るかもしれません。外国人を観光客としては大歓迎するが、「隣人」としては望ましくないという考え方は、ここからきていると思われます。こうした考え方は、異なる文化を持つ人々と生活空間を共有するための心構えが多くの日本人にはまだ身についていないことを表すものだと言えるでしょう。

前節で触れたように、日本の内側では多様性への気づきが定着しつつあります。しかし、外からやって来た人々に対する日本社会の眼差しは、同じように開かれてきているとは決して言えません。そうした状況の中で、多様なバックグラウンドを持つ外国の人々が実際に日本にやって来て、私たちと共に生活しているのです。グローバル化が進む二一世紀にあって、異なる文化や価値観を持つ人々が互いに隣人として生活することは、世界ではごく普通の風景になっています。そのことに、まだ多くの日本人は気づいていないのではないでしょうか。

4　自分そして自分の文化と向き合う方法――歴史博物館の活用

一見して「均質性の高い日本社会」と思えるような私たちの日常も、こうして見てくると非常に多様性に富んだ特徴を持ち合わせていたことがわかってきます。おそらく、「これを読むまで気づかなかった、知らなかった」と感じている人も少なくないことでしょう。そこでこの節では、議論を一歩進めるために、みなさんとあらためて「自分」について、そして異文化の対極にあると捉えられがちな「自分の文化（自文化）」について考えていきたいと思います。自分そして自分の文化と向き合うには、まずは自分の歴史（自分史）を振り返ってみることが大切です。そして、それが実は、自分の周りの文化や自分の周り（の地域）の歴史と向き合うことにも通じていくのです。

とは言うものの、自分の文化や自分の歴史を、何もないところから振り返ることは至難です。人が「歴史」と向き合おうとするとき、何をすればいいのでしょうか。

若いみなさんは、まだ自分や自分の家族の歴史にはそれほど深い興味や関心を抱けないかもしれませんが、年を取ると家系図を作ってみたり、自分史の本を出版してみたりと、自分の生い立ちと向き合おうとする気持ちが強くなっていくものです。私にはまだ先の話だと言わず、まずはここから始めてみましょう。

たとえば、この世に生まれてくるまでの胎児期から小学校に入学するまでの自分史については、母子健康手帳（母子手帳）という記録によってひも解くことができます（ちなみに母子手帳制度は日本固有のものですが、在日の外国人向けには外国語版の母子手帳を発行している自治体もあります）。母子健康手帳は、母親が妊娠届を役所に提出した際に発行されるもので、その時点からの妊婦健診の記録、出産時の記録、出産してからの健診や予防接種の記録を残したものです。自由記述の欄を見れば、母親自身によるメモ書きが記されているかもしれません。ぜひ一度、自分の母子健康手帳を手に、生まれた前後の自分史を振り返ってみてください。

次に、小学校入学以降の自分史を振り返ってみましょう。あなたの手元にはどのような記録資料があるでしょうか。小学校から高校までの卒業アルバム、学級だより、（絵）日記、写真、ビデオなど――探していけば相当な量の情報が集まることでしょう。整理するだけでも大変だと言われそうですが、これらの記録資料はあなた自身の歴史だけでなく、あなたの家族や友人が歩んできた歴史も伝えてくれるはずです。

自分自身の育ってきた過程が見えてきたら、いよいよ今度は、自分が生まれ育った地域や国の歴史について、自分の歴史と並行させながら見ていきましょう。たとえば図書館に通って、自分が生まれた日から今日までの新聞の一面を見ていくだけでも、自分が育った過程の社会の動きがわかるでしょう。莫大な情報量です。では、もっと身近でわかりやすく、生まれるずっと以前の時代も含めて、自分の周りの歴史や文化と向き合うにはどうすればよいでしょうか。そこでお薦めしたいのが、博物館

横浜市歴史博物館。

の活用です。

日本には博物館と呼ばれるものが公立・私立を合わせて大小五五〇〇館以上あると言われています。来館者数が年間一〇〇万人規模という有名博物館もあれば、週末のみを開館日としたり豪雪地帯ゆえに冬期休館としている年間数百人規模の小さな博物館もあります。それらの約六〇%が歴史系の博物館です。ですから、博物館と聞いて土器や埴輪などを思い浮かべたとしても、それほど間違ってはいません。みなさんが育った地域の歴史資料を展示している一番身近な博物館は、その地域にある歴史博物館です。日本のほぼすべての都道府県、そして多くの市町村には自前の歴史博物館（資料館、記念館等名称はさまざまです）が施設されています。このような公立の歴史博物館は、地域史、地域文化、地域環境など、地域に根差した資料収集・展示活動を市民と共に行っているという意味で、「地域博物館」とも呼ばれています。自由な時間ができたときに普段着でいつでも気軽に訪れてほしいという意味を込めて、「放課後博物館」と呼ぶ人もいます。たとえば、神奈川県横浜市で育った人なら横浜市歴史博物館（都筑区中川中央）といった具合に、みなさんも是非、地元の博物館に足を運び、古代から近現代までの地元史の展示を通して、自分の歴史・文化と自分の周囲（地域）の歴史・文化との関係について、思いをめぐらせてみてください。

博物館の展示を見る際に心がけて欲しいことがあります。「どうせ知らない事だらけ」と思い込むのではなく、「どこか知っていることはないかな」と考えながら見ていって欲しいのです。するとそれらの展示物を通して、どこかで聞いたことのある地名、祖母が昔使っていた道具などが、記憶の中から甦ってくることもあるでしょう。さまざまな展示物を通して「自分とのつながり」を発見することができれば、博物館で過ごした時間はみなさんにとって、きっと自分の文化や地域の文化について理解を与えてくれる時間となるはずです。

５　隠れている現実への気づき

ところで、こうした地域博物館が必ずしもその地域の歴史をバランスよく伝えているとは限りません。むしろ、展示物に一定の恣意性ないし偏りが見られる場合もあり、私たちはそのことに注意を傾けておく必要があります。この第５節では、第２節で見てきたアジア系の在日外国人の歴史が博物館の展示物にどのように表現されているかを見てみます。

これまでもみなさんは、読書をする際に、「作者と対話しながら読んでみましょう」といった指導を受けたことがあると思います。実は、本におけるこうした読み方は、博物館の展示物の見方にも当てはまります。すなわち、「博物館では、展示を作った学芸員と対話しながら観てみましょう」となります。展示されたものを無批判に観ていくのではなく、「どうして？」「なぜ？」といった問いを自分の中から積極的に発していこうとする姿勢、それによって得られる新たな発見の喜びが大切だということです。

本にしても展示物にしても、一見すると「完成された完璧な作品」のように見えます。たしかに作者・制作者の側からすればそれは「完成物」かもしれません。しかし、それはあくまでも作り手側からの視点にすぎません。実際には、作り手側が認識していなかったこと、重要だとは考えなかったことが、（他者の視点からは非常に大切な事柄であっても）作り手側のフィルターによって消されてしまっているというケースは多々あります。

具体的に横浜市の事例を見てみましょう。横浜市歴史博物館の展示物ならびにその解説書『横浜市歴史博物館常設展示案内』（一九九五、以下「解説書」と略す）を見ていくと、ある重要な事柄が「フィルターで消されている」ことに気づかされます。中国人をはじめとする横浜のアジア系の人々の存在についてです。解説書には、「少なくとも中世［一一九二〜一五九〇年］の頃から六浦《むつら》を中心に『陸の道と海の道』を介して、国内各地と大陸との交流があった」（同解説書、六三頁）と書かれてあります。六浦とは、現代の横浜市金沢区六浦《むつうら》のことです。この六浦津（＝港・湊）については、「鎌倉時代を通じて中国との貿易の窓口の一つで、ここから金銀や刀などが輸出され、中国からは大量の宋銭、仏典や書物、武士などに好まれた陶磁器が輸入されました」（同上）とあります。つまり、少なくとも一二世紀の頃から、この六浦（横浜）においては貿易という形で中国との交流があったと説明されています（ちなみに、これは一般的な高校の歴史教科書には触れられていない史実です）。

展示物や解説書には明確に書かれていませんが、輸出入の取引があったということは、当時、六浦

（横浜）には中国商人が暮らしていた、あるいは少なくとも出入りしていたと考えるのが自然でしょう。ところが展示物や解説書にはその記述がありません。そのわけは、「根拠となる資料」がないストーリーは展示しないのが歴史系博物館の（良くも悪くも）ルールとされているからかもしれません。いずれにせよ、この時代に中国商人が六浦（横浜）にいたのかどうかは展示物や解説書だけでは知ることができません。解説書中の近世（一五九〇～一八五九年）についての記述（「神奈川湊と海の道」）を見ても、国内物資供給の中心地として栄えた神奈川湊が全国各地との交易地となったという記述にとどまっています。

それでは、確実に外国人が横浜に住んでいた幕末・明治時代についてはどうでしょうか。解説書や展示物の中に中国人をはじめとするアジア系の人々の姿は見られるでしょうか。横浜の開港は一八五九（安政六）年のことです。解説書を見ると、一八世紀後半から一九世紀にかけて起きた西欧諸国の産業革命によって技術革新や交通網の発達、鉄道・蒸気船・電信などの普及が進み、インドで生産された綿や、中国・日本で生産された絹や茶が、西欧では人気を呼んで需要を高めたとの記述が見られます。横浜については次のように解説されています。

アジアの国々の港が次々に開かれ、たくさんの貿易都市が誕生しました。横浜が開港したのもちょうどこの時期です。このころに開かれたアジアの貿易都市は開港場が中心となって都市が形成されていきました。港の周辺には貿易にたずさわる外国人の居住地がつくられ、西洋の町がそのままもちこまれたような景観が誕生しています。［中略］。［横浜の］周辺には開港場の内と外を分けるために掘りがめぐり、内側を関内、外側を関外とよぶようになりました。関内に設けられた居留地は外国人の活動拠点となり、山下町はヨーロッパのような風景がみられました。日本大通りをはさんだ反対側は日本人の活動拠点で、本町通りなどには土蔵作りの商店や蔵が並んでいました（同解説書、一〇一頁）。

この記述には、当時、居留地内でかなりの人数を占め、近接する現在の中華街の起源となった中国人をはじめとするアジア系の人々のコミュニティについては一言も触れられていません。私たちは幕末の開港と聞くと、西欧諸国との交流ばかりをイメージしがちですが、実際には西欧の物品はアジア各地の港を経由して、中国船などに載せられて日本に届けられていました。こうした史実は開港以前の時代にも確認されています。つまり、中国を中心としたアジア人の存在なくして当時の貿易はあり得なかったのです。それにもかかわらず、博物館の展示物や解説書には不思議なくらいに中国人、コリア人（朝鮮人）、ベトナム人（キン人）といったアジア人の存在は消えています。

また、開港当時の「関外」の様子を再現する人形を使った展示物を見ると、人口比で言えば圧倒的に少なかったはずの西欧人のカップルがメインに据えられています。日本人以外のアジア人の姿はここでもやはり見当たりません。そして、最後の現代コーナーの展示物においても、中華街をはじめとするアジア系の在日外国人が横浜という地域にどのように定着したのか、現在どのように暮らしているのかといった視点からの展示物はまったく見当たりません。

さて、もうお気づきでしょう。ここに博物館展示の落とし穴があるのです。博物館展示とは、ある現実を見せる仕組みであると同時に、ある現実を見せない（隠す）仕組みでもあるのです。横浜市をはじめとする大規模な都市にはアジア系の外国人・日本国籍取得者も多数暮らしてきたという歴史がありますしかしながら、彼・彼女らの文化や歴史、コミュニティに関する史実がそうした都市の博物館の展示に出てくることはそれほど多くはありません。これが現在の日本の状況です。

自分（の歴史・文化）と自分の地域（の歴史・文化）から日本の中にある多文化性をあらためて発見していくこと——その一つの有効な方法が博物館の活用にあることは間違いありません。しかし、このように博物館も学校教育と同様、「均質性の高い日本社会」のイメージに一役買ってきたのであり、この点は注意しなければなりません。イギリス、米国、オーストラリア、カナダといった多文化・多民族社会を形成する西洋の博物館では、先住民族や移民の歴史・文化を公正に扱うことが近年とくに重視にされるようになっています。日本の博物館も一日も早く、そのような視点に立った取り組みを普及してほしいものです。

6　内なる異文化と出会うために

ここまでの議論を踏まえてあらためて私たちの日常を注意深く振り返れば、実は日本の社会や文化の中には多くの異文化が入り込んでいることに気づくのではないでしょうか。第2節では象徴的に食文化を取り上げましたが、私たちが身に着けている衣服や聴いている音楽、暮らしに必要な家の家具やライフスタイルなどはどうでしょうか。そして、何よりも、私たちがこうして使っている日本語はどうでしょうか。たとえば日本語の書き言葉は中国から「輸入」された漢字と、日本で発明されたひらがな・カタカナから構成されています。多くの欧米言語起源の外来語も「翻訳語化」された形で気づかないうちに日本語として定着しています。現実の私たちの生活はいくつもの異なる文化が混ざり合いながら成り立ってきたのです。

では、「私」はどのような意味において「日本人」と言えるのでしょうか。国籍が日本であれば、それだけで十分「日本人」なのでしょうか。「私」の生活が多文化・多民族・多言語的要素によって成り立っていることは「日本人」としてのアイデンティティの妨げになるのでしょうか。そもそも「日本人」としてのアイデンティティとは何なのでしょうか。

これらの問いは簡単に答えが出せるものではありません。「私とは何者か」「自分と他者の違いはどこにあるのか」といった本質的な問いに関わるものだからです。これらの問いに答えるためには、したがって、「私」の内面と向き合うと同時に、他者の眼に映る「私」を知ることが重要となります。自分では気がつかない「私」の姿を、他者の目から確認すること。その機会を作ってくれる絶好のシチュエーションこそ、異文化の中に「私」の身を置くことなのです。異なる文化を持つ人の目で、「私」の文化を見つめてみるのです。すると「私」の中の異文化がくっきりと見えてくるはずです。「私」との出会いは、「私」の中の異文化との出会いと同時に起こることなのかもしれません。

本章を読んだあなたは、「異文化に出会うことイコール外国に出かけること」という公式が決して絶対的なものではないことに気づいたはずです。多文化的要素から成り立つ今日の私たちの日常の暮らしの中で、私たちは外国に出かけなくても、さまざまな機会を通じて異文化に出会うことができるのです。さあ、あらためて「私」の周りを見つめ直してみましょう。あなたを取り巻く世界がこれまでと違った色や形に見えてきたら、それはあなたがあなたの中の異文化に出会い、異文化に包まれた新しいあなたに出会ったことの証でしょう。

（山脇千賀子・井上由佳）

参考文献

石毛直道『食事の文明論』（中央公論新社、一九八二）

梶田孝道・樋口直人・丹野清人『顔の見えない定住化――在日ブラジル人と国家・市場・移民ネットワーク――』（名古屋大学出版会、二〇〇五）

熊倉功夫監修『和食――日本人の伝統的な食文化』（農林水産省、二〇一一）

西川武臣・伊藤泉美『開国日本と横浜中華街』（大修館書店、二〇〇二）

山下清海編『華人社会がわかる本』（明石書店、二〇〇五）

横浜市歴史博物館編『横浜市歴史博物館常設展示案内』（横浜市歴史博物館、一九九五）

第8章 つながるためのコミュニケーション

――ことば／世界観／私とあなた

1　そもそもコミュニケーションとは何？

コミュニケーションと言えば、誰もがまずは「ことば」を思い浮かべるのではないでしょうか。多くの日本人は「ことばが通じない」外国人とはコミュニケーションできない、と考えています。しかし、本当にそうでしょうか。そもそもコミュニケーションとは何なのでしょうか。これが本章における私たちの国際学の「学び」のテーマです。

コミュニケーションとは何かを考えるために、次のクイズに挑戦してみてください。次のそれぞれの状況には「当事者（私）」と「相手（あなた）」が登場します。その二者の関係は「コミュニケーション」と呼べるでしょうか。○×を付けてみましょう。

1　（私は）テレビの英会話講座を聴いてメモを取った。
2　進路のことで意見が合わず、親と言い合いになった。
3　ハワイでバニラアイスを注文したのにバナナアイスが出てきた。
4　電車の中で先輩を見つけたので、目礼をした。
5　彼女との初デート。なんと彼女は香水をつけていた！
6　バイトの面接なので、きちんとしたジャケットを着ていった。
7　隣の子、目がはれているぞ。けんかでもしたのかな…。
8　歴史の授業で「明治維新」についてプレゼンをした。

さて、いくつ○が付きましたか。実は、正解は八個です。つまり、すべてコミュニケーションなのです。まるでいかさまのようですが、怒らないでください。では、これらすべての状況がコミュニケーションならば、どんな事柄が含まれることがコミュニケーションの成立条件になるのでしょう。一つひとつ考えてみましょう。

「1」の状況は一方的で、英会話の講師は「私」のことなど知りません。それでもこれがコミュニケーションということは、コミュニケーションはテレビというメディアを介した、相手が目の前にいない場合でも成立する、ということになります。また「一方的」でもコミュニケーション、と言うこともできるでしょうし、人の話を聴いてメモを取るのも一つのコミュニケーション、と言うこともできるのです。

「2」は一般的には親と「コミュニケーションが成り立たない」という状況です。でも、これもコミュニケーションであるからには、相手との関係いかんにかかわらず、あるいは話した結果、言い合いになったり、もの別れになったとしても、それ自体、コミュニケーションということになります。

「3」に至ってはこちらの意図が伝わらず、誤解されている、まさに英語で言えばミスコミュニケーションの例なのですが、それでもこれは、店員と客という二者間のコミュニケーションです。

「4」は目で合図をしているのみで、ことばを発していません。「視線」や「目線」もコミュニケーションの一つなのです。

「5」はことばも目の合図もなく、「におい」によるコミュニケーションです。

「6」ではジャケットなどの服装・ファッションがコミュニケーションということになります。特定の場所・機会に応じて、適切な服装をすることは、社会的な人間関係におけるコミュニケーションの一つです。

「7」では、「私」が勝手に隣の子を見て（たぶん盗み見て）、目がはれていることに気づき、けんかをしたのかな、と憶測しています。隣の子は気づいてない可能性があります。それでも、「私」が一方的にあれこれ想像することがコミュニケーションということになります。

そして、「8」は「1」の逆のような形で「私」が一方的にクラスメートに向かって発表しており、一見、相互行為的な形でのコミュニケーションではないように見えますが、これも授業という場を通じたコミュニケーションのあり方の一つです。

このように具体的に見ていくと、コミュニケーションにはことば以外のものがかなり関わっているらしいことがわかってきます。これを、非言語（nonverbal）コミュニケーションと言います。また、実在の相手が目の前にいようがいまいが、コミュニケーションは成り立つということにも気づくでしょう。マス・コミュニケーションがその端的な例です。つまり、対面での相互のことば・情報のやりとりだけでなく、一方的な情報の理解・解釈・誤解もコミュニケーションの一つと呼ぶことができるということです。

２　コミュニケーションは何によって構成されているのか

前述のクイズの「1」～「8」の状況から推測されるコミュニケーションの構成要素をまとめて円グラフにしてみると、**図１**のようになります。

この図を見て、みなさんはどう感じたでしょうか。コミュニケーションの構成要素全体のうち、「言語表現（言葉そのもの）」が占める割合の小ささに驚いたのではないでしょうか。私たちは、コミュニケーションと言えば、何にもましてことばで「何をどのように言うべきか」ということに心を砕きがちですが、実は「言語表現」が実際のコミュニケーションにおいて果たしている割合は、わずか五％程度にすぎないとする研究結果が出されているのです。

では、この図の内容を少し詳しく見ていきます。「言語表現」はわかるとして、「周辺言語」とは何でしょう。これはパラ言語（paralanguage）とも呼ばれ、声量、声の高低、声の調子、声音などを指します。たとえば、同じ「おはよう」でも元気に言われれば気持ちいいし、ぼそぼそとつぶやくよう

図１　コミュニケーションの構成要素

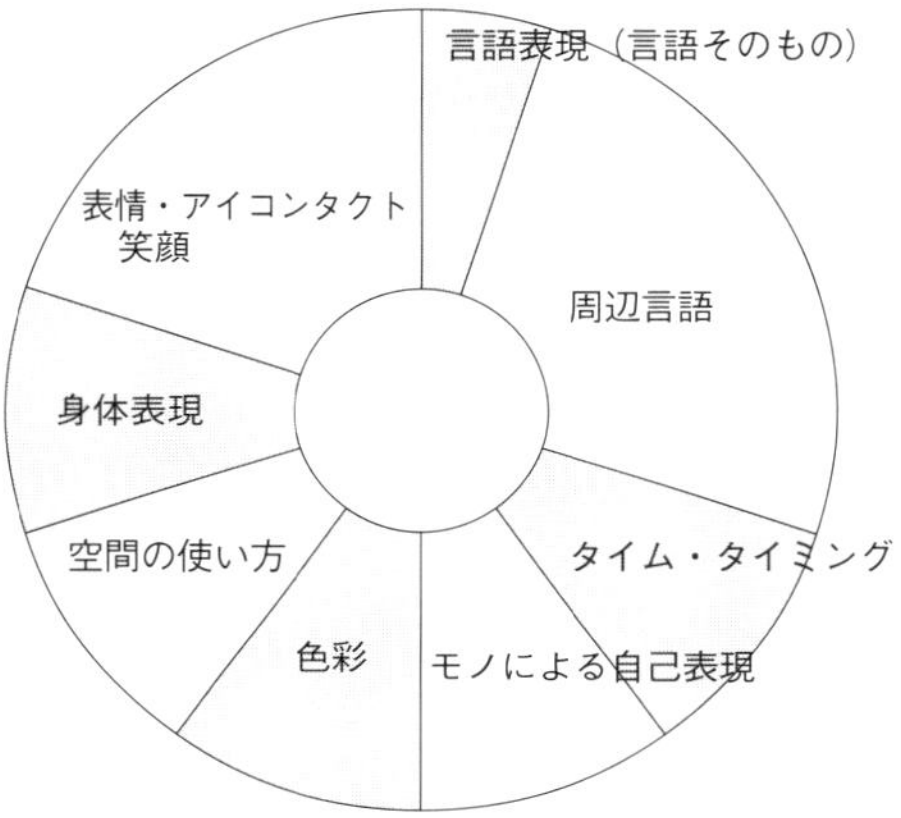

出典：佐藤綾子『自分をどう表現するか』（講談社、1995）をもとに筆者（塩沢）作成。

に言われると、「何か後ろめたいのかなあ」などと相手との関係を考えてしまったり、嫌味にさえ聞こえてしまうこともあるでしょう。声を通じて「言語表現」に何らかの影響を与えるこうしたコミュニケーション要素は、コミュニケーション全体の二五％程度を占めるとされています。

もう一つ、言語に関わる要素の中には、発言をいつ（タイム）、どのようなときに（タイミング）行うかといった「タイム・タイミング」と呼ばれるものもあり、これが全体の一〇％程度です。これに先の「言語表現」五％、「周辺言語」二五％を加えても、言語系のコミュニケーションはコミュニケーション全体の四割ほどしか関わっていないということになります。

つまり、私たちのコミュニケーションは、無意識のうちに、ことば（verbal communication）とは直接関係がないかもしれない非言語的要素に大きく影響されているらしいのです。以下、具体的にそれらの要素を一つひとつ見ていきましょう。

図1が示すように、「表情・アイコンタクト・笑顔」は「周辺言語」に次いでコミュニケーション

に影響を与える割合が高いものです。表情は相手への印象を大きく左右します。たとえば、笑顔には相手の武装を解く作用があり、好意的な関係を築くには欠かせない要素とされています（怒り顔はその逆ですね）。また、面接試験などでは相手の目を見て受け応えをすることが重視されるように、アイコンタクトには一般に何らかの意味付与があるとされています。

「身体表現」というのはやや硬い言い方ですが、身体の動かし方、動作、姿勢、しぐさ等と言い換えるとわかりやすいでしょう。人と話をする際、フラフラと動きがちな人は「落ち着きがない」と思われ、姿勢の良い人は「信頼性がある」と見られることが多いのではないでしょうか（この分野の研究には、それらの関係を探るキネシクス（kinesics）というものがあります）。

「空間の使い方」というのは、たとえば、話をする際に生じる「相手との距離」を考えるとわかりやすいでしょう。あまり関わりたくない相手とは自然に距離を置くものですし、逆に親密な相手とは積極的に近づこうとします。文化の違いによっても、相手との適切な距離の取り方にはかなりの差が見られます（関連した研究分野としてはプロセミクス（proxemics）があります）。

「色彩（いろどりなどの色覚・色感）」もまた、人や文化によって感じ方や意味づけが異なる場合が多いのですが、色によって何らかのメッセージを受け取ったり、発したりしていることは確かでしょう。たとえば、「白」に関しては「清潔」「純粋」「正しさ（潔白）」といったプラスの印象を持つ人もいれば、「冷たい」「冷淡」といったマイナスの印象を持つ人もいます。また、「赤」に関しては「情熱的」な（プラスの）イメージを抱く人もいれば、「攻撃的」な（マイナスの）イメージを抱く人もいます。

「モノによる自己表現」とは何でしょうか。ことばではなく、身に着けているモノで自分を表現するということです。制服を持つ高校の生徒であれば、服装で自己表現することは難しいでしょうが、人持っているペンケースやカバンに付けているアクセサリーなどでそれを表現することはできます。人の目を引く最新デザインのペンケースを持っている人、長年愛用している手になじんだ地味な筆入れを持っている人など、モノがその人自身を表現しているわけです。持ち主は意識していなくても、周囲の人たちが持ち主とその持ち物との関係に何らかの意味付与を行っていることも多いでしょう。

以上のように、コミュニケーションにはことば以外の要素もたくさん含まれており、そこでは五感をフルに使って情報収集が行われ、その情報をどう解釈するかにエネルギーが注がれているということがわかります。

３　文化、状況、関係性の中にあるコミュニケーション

私たちは、今、グローバル化社会に生きています。そこでは異なる文化や価値観を持つ外国の人々との日常的な接触・交流・折衝の機会が増えています。学校の中に外国人講師・生徒がいることや、インターネット上で外国人とコミュニケーションをすることが当たり前の風景となりました。ところで、コミュニケーションを交わす中で、相手方の習慣や考え方などが自分にとって慣れ親しんだものとはかけ離れているために、自分の習慣や考え方に自信をなくしたり、驚いたり、戸惑ったり、ときには怒ったりすることがあります。これを一般にカルチャーショックと呼びます。

カルチャーショックが起こる背景には、やり取りされるメッセージや情報の内容の解釈の仕方に、そもそも基本的な違いが生じているということが考えられます。そこで本節では、カルチャーショックの実例を挙げながら、メッセージや情報の内容を解釈する枠組み（コンテクスト＝文脈・脈略・場面・状況）の差異が、コミュニケーションにどれだけ大きな影響を及ぼすのかについて見ていくことにします。

授業中に先生の話をじっくりと聴いて黙ってひたすらノートを取っていると、先生がイライラしはじめ、しまいには怒り出してしまった、という経験はありますか？　これは、英語圏に海外留学をした日本人学生がときどき体験する事例です。日本では授業中に学生がまったく発言しないことは当たりまえのような風景ですが、欧米では、学生は質問をしたりコメントをするもの、という常識があります。黙って聴いているだけの学生は、わかっていないか、興味がない、と解釈されてしまいます。ある意味でそれは、授業をしている先生に対する侮蔑的行為とも受け取られかねません。日本ではむしろ黙って聴いていることのほうが、先生に対する敬意を表すものとして解釈される場合が多いでしょう。つまり、「授業中の学生の沈黙」に対する解釈の枠組み（コンテクスト）が、日本と欧米では異なっているのです。それは、学校文化の違いということもできるでしょう。

このように、カルチャーショックの背景には、コミュニケーションのコード要素（たとえば「言語そのもの」）の違いを超えて、メッセージや情報の内容を解釈させる枠組みの違い、すなわち「コンテクスト」の差異が存在していると言えるでしょう（図２）。逆に言えば、やり取りされるメッセージや情報の内容を適切に解釈するには、より広い枠組み＝コンテクストの共有が必要になるというこ

図2　カルチャーショックの背景

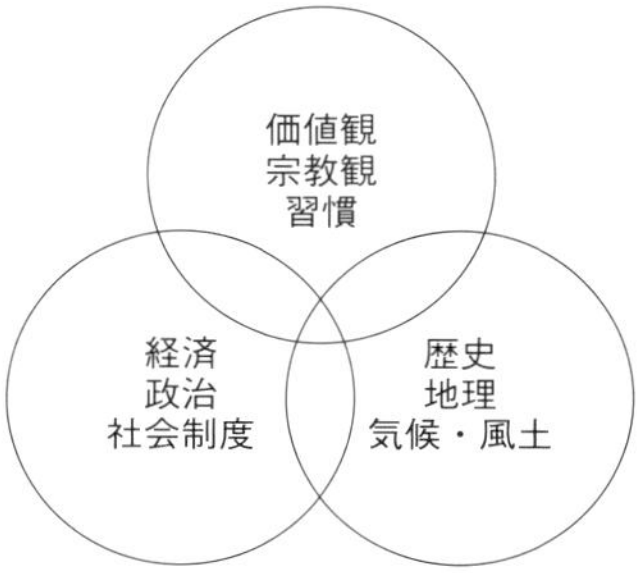

とです。その意味で、外国語をマスターするとは、ただ「ことば」が通じるようになるだけでなく、「ことば」を取り巻く文化的枠組みに関するコンテクスト知識を十分に身につけ、適切なコミュニケーション行為が取れるようになることなのかもしれません。

もっとも、このようなカルチャーショックに類似したコミュニケーションのすれ違いは、日本語を母語として共有しているはずの日本人同士でも起こり得ます。発したことば（発話）が一つであっても、それを解釈する枠組み＝コンテクストが異なる場合があるからです。

ここに紹介するのは、京都人の間での伝統的なつき合い方を象徴的している「ぶぶづけ（お茶漬け）」の逸話です。ある人が京都人のお宅を訪問しました。ひとしきりおしゃべりした後、ご主人はこう言いました。「ぶぶづけでも、あがっておいきやす」。このとき訪問客が取るべき適切な態度とはどのようなものだと思いますか？　「お茶漬けを食べていきなさい」とわざわざご主人が言ってくれているのだから喜んでごちそうになる、という文字通りの解釈をすると、その訪問客はその後二度とこのお宅とはつき合いができなくなる、というのがこの逸話の教訓です。「ぶぶづけ」とは、ここでは最も粗末な食事の代名詞であり、そのようなものを客人のもてなしに供するのは恥ずかしいことなのだから、ご主人に恥をかかせないように、申し出を謹んで辞退するのが客人としての正しいマナーなのだそうです。

つまり、「ぶぶづけでも…」と言われたら、訪問客は、ご主人としては客にそろそろお引き取り願いたいと思っている、と解釈しなければならないというわけです。わざわざ来てくれた訪問客に、ご主人がストレートに「そろそろ帰ってもらえますか」とは言えません。それは訪問客に対して大変失礼なことですから、客には敬意を表して「ぶぶづけでも…」と遠まわしのメッセージを発したのです。それに対して、訪問客は「えらい長居して申しわけありませんでした。ほな、そろそろ、おいとまします」と言って腰を上げて、帰り支度をするのが、京都人の間ではスムーズなコミュニケーションとされているのです。

「ぶぶづけ」の教訓は、コミュニケーションとは「言語そのもの」だけで構成されているわけではないことを私たちに教えてくれます。京都人はいやみな人間だというようなことを言いたいのではありません。発せられたメッセージ、情報というものは常に、それを取り巻く文化や状況、そして発話者と受け手との関係性のコンテクストの中でこそ真の意味を持つ――そのことをこの逸話は語っているのです。つまりここでは、「ぶぶづけでも…」というメッセージを、ご主人と訪問客との間にあるコンテクストの中で解釈することによって、「そろそろ帰って欲しい」という意味を生み出しています。「ことば」は、それが発せられたコンテクストによって変幻自在に意味を変えてしまう可能性があるのです。

4　ことばの身体性と演技

　このように、「ことば」によるメッセージ、情報をどう理解・解釈するかは、文化、状況、関係性などのコンテクストによって変わっていきます。では、みなさんが新しい「ことば」＝語学を学ぼうとするとき、そのことはどのような意味を持つでしょうか。「ことば」を文字通りに受け取ってはならないとしたら、相手が発した「ことば」をいったいどうやって解釈すればよいのでしょうか。「ぶぶづけ」の教訓のように、日本語という母語でさえ適切なコミュニケーションを取るのが難しいのだから、外国語を介したコミュニケーションなどとても自信が持てないと感じている人も多いことでしょう。

　実は、そのことを逆手にとって「ことば」＝語学を身につけようとする学習法があります。演劇・ドラマを通じた外国語学習法です。学習者自身が演劇やドラマの台本（脚本）を作り、学習者自身がそれを人前で演じます。体を動かしながら「ことば」（外国語）を発する、ドラマ的なパフォーマンス（身体動作）によって進められる語学習得法として知られているものです。

　演劇・ドラマというのは、一般に、ある人格を持つ人物（キャラクター）が、ある意味を持つ場面を、より現実味のある会話表現（台詞）によって発話することで成り立ちます。したがって、自分たちで書いた台本の台詞や背景描写を想像力を働かせながら繰り返し読み、声に出して練習し、場面場面に相応しい形で演じることは、いわば現実の生活現場におけるコミュニケーション行為の再現なのです。現実の状況や関係性といったコンテクストが、台本の台詞の「ことば」を介して再生されるわけです。それぞれの演技者（学習者）は、「ことば」が発せられる現場に身体全体を置くことによって、「言語そのもの（話しことば）」以外も含めた多様なメッセージを交わし合うことになります。

ところで、「ことば」やことば以外のメッセージに込められた意味を、コンテクストによって確認しながら理解するこうした学習法は、実は乳幼児が母語を獲得する過程ですでに身につけているものでもあります。人間は生まれてきた時点では「ことば」を話せません。生まれ育った環境の中で母語を獲得していきます。子どもは周りの人間のコミュニケーションの仕方を、それこそドラマの台本のように学習し、実際の生活の場面で自分も試してみることによって、徐々に自分の「ことば」＝母語を獲得していくのです。ある意味、子どもは日々「演技」をすることで「ことば」を身につけ、コミュニケーションの仕方を学んできたとも言えるでしょう。

上：文化祭で「美女と野獣」のパロディーを演じる学生。
下：大学合同英語ドラマワークショップで寸劇を演じる学生。

ではここで、「ドラマ」のシナリオというより「スキット（寸劇）」と言ったほうが相応しい「レストランでのウエイターとお客の対話」の台本を使って、一緒に考え、演じてみましょう。

ウエイター　May I help you?（いらっしゃいませ。何にいたしましょうか？）
お客　Yes, please. Is there anything you can recommend?（はい、何かお薦めのものはありますか？）
ウエイター　Of course! How about Today's Special?（そうですね、今日のスペシャルなどはいかがでしょう？）
お客　What is Today's Special?（今日のスペシャルは何ですか？）
ウエイター　Beef stew, sir (madam).（ビーフシチューでございます）
お客　Well...actually, I'm not so keen on beef.（ああ、そうですか…ビーフはあまり…）
ウエイター　It's very good. I'm sure you'll like it.（大変美味しいですよ、お気に召すと思いますが）
お客　I don't know. Don't you have anything else?（いや、何か他のものはありませんか？）

何の変哲もない対話・台詞ですが、次のような二つの異なる状況を想定してそれぞれ演じてみると、どうでしょうか。
①〈肉がだぶついているのでビーフシチューを薦めるよう店長から指示されているウエイター〉と〈ずっと肉を食べているのでとことん肉に飽きたお客〉
②〈トイレに行きたいのでさっさとオーダーを取りたいウエイター〉と〈ゆっくりとウエイターと会話しながらメニューを選びたいお客〉

どうでしょうか。登場人物の性格やそのときの状況などを設定すると、自然と抑揚やリズムが出てきて、会話が突然生き生きしてきたとは思いませんか。つまり、現実味のある会話になってきたとは思いませんか。もしそう感じたなら、あなたはこの英語の台詞を、単なる「言語そのもの」としてではなく、コミュニケーションを成立させる「ことば」として演じたのです。少し難しく言えば、自分の母語とは異なる「音声記号体系」としての外国語をただ発音しただけでなく、コミュニケーション行為としての「パフォーマンス」を演じたのです。

異なる文化背景を持った「ことば」＝外国語でドラマ的パフォーマンスを演じてみるこの試みは、その「ことば」が交わされている日常の世界を追体験する行為に他なりません。その「ことば」を日常的に話している人は、どのような表情やジェスチャーでコミュニケーションを取っているのか、観察し、分析し、自分の身体を使って想像力を働かせながら表現してみるのです。こうした学習法は、実際にその外国語が話されている土地で生活するのと同じくらいの体験に匹敵するのではないでしょうか。そしてそれは同時に、自分が何気なく使っている「ことば」のコミュニケーションを根本から見直すきっかけ、自分の身体が発している記号情報を自覚する体験、一言でいえば自己表現の仕方を学ぶ機会にもつながっていくのではないでしょうか。

以上のように、演劇・ドラマを通じた語学習得法とは、コミュニケーション行為の現場の再現を通じた「話しことば」の獲得手法であるとともに、「話しことば」が身体を持った人間によって発話されることの意味をあらためて教えてくれるものだとも言えそうです。この学習法を通じて私たちは、他者とのコミュニケーションが何よりも身体を介して成り立っていることに気づくのです。

この気づきは、異なる「ことば」を持つ人たちとのコミュニケーションを築く際にはとくに重要な気づきです。私たちは、つい「話しことば」の違いだけに目を向けがちです。しかし実際には、それぞれの「ことば」と切り離すことのできない「演技（パフォーマンス）」する身体のコミュニケーションを取りながら、人は互いの関係を築くための条件を整えているのです。

5　ことばと世界観の関係

これまでに見てきたように、言語（メッセージ、情報）と、それを解釈する枠組み＝コンテクスト（たとえば価値観や文化・歴史・社会など）とは、切っても切れない深い関係にあります。日本語を話す私たちは、無意識のうちに、身の回りで起きることを日本語としての特定の解釈を通じて枠づけし、意味づけて、コミュニケーション行為を成り立たせています。言い換えれば、私たちは日本語が持つ独自の思考様式や「常識」の枠組みの中でコミュニケーション行為を成立させているのであり、その点では、私たちの考え方は「日本語に縛られている」という言い方もできるかもしれません。

言語と世界観（文化、考え方、価値観、認識の仕方など）の関係を論じた説に「サピア－ウオーフ仮説（Sapir-Whorf hypothesis）」（言語相対論）というのがあります。二〇世紀前半の言語学者サピアとその弟子ウオーフが唱えたこの仮説では、言語と世界観との関係を二つのバージョンによって説明しています。一つは「ゆるやかなバージョン」で、これは「言語と世界観の間には深い関係がある」というものです。もう一つは「強いバージョン」で、こちらは「世界観は言語に支配される」というものです。

まず、「ゆるやかなバージョン」を見てみましょう。たとえば北極圏に住むイヌイトの言語には、「雪」を表現することばが何十も存在しています。様態の異なるさまざまな「雪」が様態ごとに名づけられています。これは、一年を通じて雪に囲まれたイヌイトの生活様式（「世界観」）が、イヌイトの「言語」に影響を与えている一つの証拠となるでしょう。また、長幼の序（年上と年下の秩序）を重んじる日本では姉・妹ということばがあるのに対し、そうした習慣のない英語圏では両方ともsisterで表現できることも、価値観（「世界観」）がそれぞれの「言語」に影響を与えている証拠ではないでしょうか。このように、人々を取り巻く環境（「世界観」）によって「言語」のあり方が変わってくるというのは、むしろ自然なことであるとも言えるでしょう。

日本語では「常識」とされている考え方や価値観でも、いざそれを他の言語に置き換えて正確に表現するとなるとなかなか大変です。「遠慮」や「もったいない」というニュアンスに対応する日本語以外の言語は簡単には見つかりません。日本語の挨拶でよく使われる「よろしくお願いします」といったフレーズも、外国語に翻訳するのは難しいとよく言われます。こうして見てみると、「言語と世界観の間には深い関係がある」という「ゆるやかなバージョン」仮説はたしかに成り立ちそうですね。一般に、「異文化理解」というテーマが取り上げられるときには、このような「言語による世界観の違い」をお互いに理解し合うことの重要さ、困難さが問題にされています。

では、「世界観は言語に支配される」という「強いバージョン」仮説とは、どのような意味でしょうか。これは、「世界観」と「言語」の間には密接な関係があるという「ゆるやかなバージョン」仮説よりも踏み込んで、「そもそも人は言語によって世界を理解する」という考え方を強調した仮説です。「言語を獲得すること」と「世界を理解すること」はほぼ同時に達成されている、という意味としても捉えることができるでしょう。この「強いバージョン」仮説は、異なる言語圏同士では世界観を共有できないというコミュニケーションの限界を示しているとも言われます。

いずれにせよ、「ことば」によるコミュニケーションの背景には、たえず「世界観」が関わっているということは確かなようです。日本語、英語、イヌイト語、あるいは京都弁…、さまざまな言語（方言）の背後にうごめいている世界観は、それぞれ独自の個性を持っています。しかしそれと同時に、それぞれの「ことば」を話す一人ひとりの人間もまた、独自の価値観や世界観を持つ存在であるということを確認しておく必要があります。世界には異なる世界観を持つたくさんの人間が、異なる「ことば」とともに生きています。私たちは「ことば」を通じて異なる世界観と出会い、自分が何者なのかを知るのです。その過程もまた、私たちの国際学の「学び」ではコミュニケーションと呼んでいます。

6　母語以外のことばを学ぶこと

さて、第4節で紹介した語学習得法のユニークな事例に触れて、みなさんはどのような感想を持ちましたか？　日本で生活する私たちがなぜ英語を学ぶ必要があるのか、これまでとは違った見方を発見した人も多いことでしょう。

日本人が英語を学習する理由として第一に挙げるのは、「世界共通語（国際語）だから必要だ」（ビジネス上の都合）、あるいは「受験の必須科目だから勉強せざるを得ない」（教育政策上の都合）といったものかもしれませんね。たしかに世界の英語人口は、母語として話す人々の数が三〜五億人、公用語や第二言語として話す人々の数となると十数億人にも及びます。これらの人々とのコミュニケーション手段として英語を使うことができれば、世界各地の人々との交流・交渉がいっそう盛んになることは事実です。日本人が英語を駆使して国内外で活躍できるか否か、あるいはビジネスや観光で日本を訪れる外国人に流暢な英語で直かに対応できるか否かは、日本社会の経済、治安、平和の問題などにも直結する事柄でしょう。

しかし、英語のみならず外国語を学ぶ意義は、こうした実用的な必要性ばかりとは限りません。むしろ、それ以上の意義が存在しているはずです。すでにみなさんはお気づきでしょう。私たちが外国語を学ぶのは、異なる価値観や思考様式に直接触れ、私たちの考え方をより柔軟にし、視野を広げてくれるところにこそ最大の意義があるのです。平たく言えば、外国語を学ぶことは「自分の身を使って相手の身になる」訓練となるのです。異なる「ことば」を話す人とコミュニケーションを取る訓練は、私たちの人生を豊かにしてくれると同時に、私たちが暮らす社会のあり方をも多様性に富んだ開かれたものにしてくれるはずです。私たちの母語の世界では当たりまえだったことが、違う「ことば」の世界では非常識になる。そういう「気づき」を経験することによって、世界には実に多様な「常識」が存在していることに気づかされていくのです。こうした経験は、異なるものに対する寛容な精神を育んでくれるでしょう。

ただし、ここで注意しておかなければならない点があります。英語を公用語や第二言語としてきたすべての人々が、この言語を平等な「自分たちの言語」として受け入れてきたわけではないということです。英語が世界各地で使用されるようになったのは、ここ二〇〇年ほどのことです。一九世紀はイギリス中心の世紀（パックス・ブリタニカ）と呼ばれ、二〇世紀は米国中心の世紀（パックス・アメリカーナ）と呼ばれますが、それほどこの二大国は二〇〇年にわたり世界に強大な影響力を振るってきたのです。この二大国が自分たちの母語（英語）を他の国や地域に強要してきたために、英語は世界の「共通語」として使用されるようになったのです。

このように、支配者が被支配者に自らの言語を強要し、相手の土地の言語や文化を破壊することで支配の基盤を強固にした例は、英語圏だけの話ではありません。身近な日本にも、明治政府が北海道での統治基盤を固めるために、この土地の先住民族であるアイヌの人々に対して、自分たちの母語（日本語）の学習や使用を強要し、「日本人化」を図ってきたという歴史があります。その影響により、今ではアイヌ語は消滅の危機に晒されています（一方で、それに抵抗して言語、文化を取り戻そうとする社会運動が、現在でもねばり強く続けられています（第7章第2節参照））。被植民地化の経験を持つ国や地域の中には、母語以外の言語を強要されたために、自らの母語や文化を失ってしまったところも少なくありません。

「ことば」は、人々の間に友好的な関係を築くための最大の「条件」になりうるだけでなく、支配－被支配の権力関係を構築するための道具にもなりうることを、私たちの国際学の「学び」では忘れてはならないこととして、強調しておきたいと思います。

7　私とあなた――自分が何者なのかを知るということ

コミュニケーションの重要性について、本章ではさまざまな角度から考察を試みました。まず、コミュニケーションには、「話しことば」だけでなく、「非言語コード」を媒介としたメッセージや情報のやりとりも含まれていることを確認しました。そして、コミュニケーションによるメッセージ、情報には、歴史的・文化的・社会的な枠組み＝コンテクストによってさまざまな異なる意味合いが生まれてくることを確認しました。コミュニケーションによるメッセージ、情報は、コンテクストの中で構成される事象なのです。

また、演劇的パフォーマンスを通じた語学習得法の考察を通して、私たちが普段何気なく行っているコミュニケーション行為は、何よりも身体を介してなされていることがわかりました。このようなコミュニケーション行為は、私たちが世界の人々とつながるための基本的な条件です。

さらに、世界の人々はそれぞれの異なるコンテクスト（価値観や文化・歴史・社会など）によって構成されたさまざまな世界観のもとで生きているのであり、そのことをあらためて認識し、受け入れることの意味について考えました。英語などの外国語を学ぶ最大の意義は、その言語の世界観（文化、考え方、価値観、認識の仕方など）に触れることなのです。「ことば」によるコミュニケーション行為の背後には、たえずその言語の世界観が関わっています。それゆえにまた、「ことば」は、支配－非支配関係を構築するための「道具」にもなるし、友好関係を築くための最大の「条件」にもなります。「ことば」と「世界観」と「私とあなた」をつなぐコミュニケーションのあり方について考えることは、自分が何者なのかを知り、自分を取り巻く社会のあり方を考えることにつながる問題なのです。

（塩沢泰子・山脇千賀子）

参考文献

伊佐雅子監修『多文化社会と異文化コミュニケーション』（三修社、二〇〇二）
今井むつみ『ことばと思考』（岩波書店、二〇一〇）
小林由利子ほか『ドラマ教育入門』（図書文化社、二〇一〇）
後藤将之『コミュニケーション論』（中央公論新社、一九九九）
斉藤孝『生き方のスタイルを磨く――スタイル間コミュニケーション論』（日本放送出版協会、二〇〇四）
中山元『〈ぼく〉と世界をつなぐ哲学』（筑摩書房、二〇〇四）
八代京子ほか『異文化トレーニング』（三修社、一九九八）

第9章

「豊かさ」について考えること

――福島からの目線、沖縄への視点

1 「福島の悲劇」

二〇一一年三月一一日、宮城三陸沖で発生した巨大地震はまだ記憶に新しいところでしょう。東日本太平洋沿岸が巨大津波に呑み込まれ、死者行方不明者約二万人という被害を出した未曾有の災害でした。そして、私たちは「核」の恐怖に脅かされることとなりました。東京電力福島第一原子力発電所が次々に炉心溶融（メルトダウン）を起こし、放射性物質を撒き散らしたのです。

地震は巨大な自然エネルギーが招いたこととはいえ、原発事故はそれまで「安全神話」に甘え、対策を怠ってきた人間の驕りが引き起こしたものでした。多くの人々の努力で最悪の事態に至らずに済んだとはいえ、もしメルトダウン後の〝暴走〟が止められなかった場合、避難区域は半径二〇〇キロメートルにも及び、首都圏を含む三〇〇〇万人が避難、といった状況さえ起きたかもしれなかったのです。[1]

にもかかわらず、政府は「当面は心配ない」と危険を隠し、放射性物質を含んだ雨に曝されながら避難する人々を事実上放置するなど、国民の安全を守るという役割を果たせないでいました。被災された人々は孤立した中で不安な気持ちを支え合い、暗闇の中で体を寄せ合い、水や食料を分け合って寒さに耐え続けました。そして直後から被災地に飛び込んだボランティアの人々が支援を続けたのでした。そのとき高校生だったある若者は被災時の様子を振り返って、こう語ってくれました。「…私の家も被災地にありました。電気は三、四日つきませんでした。夜は真っ暗だったけど、ロウソクをつけて、家族で囲んでご飯を食べました。そのとき、『こういうのも悪くないよね』って、話をしたのを覚えています。暗いけど、電気が無ければ無いでそれなりに生活できるし、人と人のつながりが深くなる気も、あの経験からしました」。[2]

大震災はとてつもない悲劇でしたが、私たちは普段あまり意識しなかったことに気づかされたのではなかったでしょうか。たとえば、普段は見落とされている住民のつながりやコミュニティの助け合いがいかに命を守るうえで大切なものか、ということもその一つだったのではないでしょうか。行政があてにならない中にあっても、地域の結びつきが人々を支えてくれたのです。

そして一つの疑問は、「東京電力福島第一原子力発電所」という名が表しているように、首都圏に電気を供給している東京電力がなぜ福島県に第一、第二原発併せて一〇基もの原子炉を持っているのか、ということでした。電力を大量消費するのは東京など大都市で、工場も人口も比較的少ない地方ではそれほど電力は使われていません。にもかかわらず、なぜ原発が地方に集中的に建てられ、遠くから運ばれてくるのでしょう（電気は長い距離を運ばれる途中で消耗し、何割かが無駄に消えてしまう。効率も良くないのです）。実は、大震災が起きる前の東京都の電気自給率（発電量÷消費量）は約一〇％にすぎず、残り九割は周辺地域、とくに福島（二六％）や新潟（一九％）からの送電に依存していました。そのうち八〇％以上は両県にある原発に依存していました[3]。

青森県六ヶ所村の日本原燃（株）の核燃料再処理工場。使用済み核燃料がここに集められる予定（地上部分に現れているのは全体の３分の１程度で、主要部分は地下にある）。

また、原発の運転に伴って出てくる使用済み核燃料の保管や「核のごみ」と称される危険な放射性廃棄物の貯蔵についても、それらは東京から遠く離れた青森県下北半島の六ヶ所村にある核燃料再処理工場へ運ばれていくこととなっています[4]。

原発の炉内から生まれる放射性物質の中には極めて危険なものがあります。たとえば、その一つであるプルトニウム２３９という物質は長崎に落とされた原爆の材料となったものですが、自然界には存在しない物質です。しかも、たった一グラムで五〇万人を死に至らしめるばかりか、放出放射線量が半分に減じるのに二万四〇〇〇年もかかるという、とてつもなく危険な物質です。

福島原発事故から見えてきたのは、東京（中央）が「便利さ・豊かさ」を享受し、いざ災害が起これば大変な被害をもたらす危険な施設を地方に押しつけてしまうという、今の日本社会のありようでした。私たちの国際学の「学び」では、ある意味で地方の犠牲の上に中央の「豊かさ」が成り立っている構図のことを「中枢 - 周辺関係」という言葉で表すこととします。この関係は、中央と地方の間にある「力」の格差を背景に、地方の人々の生活やさまざまな思いを抑えつけることで成り立っているものです。近代の日本では、「迷惑施設はカネをばら撒いて押しつけ、遠隔地の住民に我慢してもらう」というこの種の手法がずっと取られてきました。

「福島の悲劇」は、政府の国策や巨大企業の利権に依存し、その利益の一部を授かる形で地域の経済を発展させようとしてきた地方の人々にも、「東京」に身を任せてしまうことの危うさを痛感させたのではなかったでしょうか。原発に依存するほど、解決困難な幾多の問題が山積みされ、大きな危険に晒されていくだけでなく、地方（周辺）の人々や未来（次世代の子どもたち）にも多大な負担を負わせてしまうことが明らかになったのですから。

２　沖縄・「戦場の記憶」から

東日本大震災に関連して、もう一つの出来事にも触れておきましょう。あのとき、「トモダチ作戦」と称して米軍が救援活動をしたのですが、さて、その米軍はどこからやって来たのでしょうか。

青い海、サンゴ礁、白い砂浜…今日の沖縄は日本有数の観光地で、本土から訪れる多くの観光客がリゾートホテルでの滞在を満喫しています。しかし、ここには「もう一つのオキナワ」があります。「沖縄の中に基地があるのではない、基地の中に沖縄がある」という言葉を知っていますか。日本の国土（三七・八万平方キロメートル）のわずか〇・六％を占めるにすぎない沖縄県の島々（二二七五平方キロメートル）に在日米軍基地の約四分の三が集中し、沖縄本島に至ってはその二〇％近くの面積が米軍施設に占拠されています。そして、人々は否応なく米軍に関わりを持たされ、なかには基地で働くという形で生活を依存する人々もいて、その「力」に日常を脅かされています。これが「もう一つのオキナワ」の現実です。「トモダチ作戦」の米軍は在日米軍であり、主に沖縄の基地から来たものでした。

沖縄の人々（自身をウチナーンチュと呼んでいます）は日本本土の人々（ヤマトンチュ、ナイチャーなどと呼ぶ）からのさまざまな圧迫に耐え続けてきた歴史を持っています。一六〇九年には薩摩藩が征服し、近代に入ってからも、最終的に一八七九（明治一二）年には明治政府が暴力的に沖縄県を設置して、日本・清国に両属していた琉球王国を滅亡させる（「琉球処分」と呼ばれる事件）など、沖縄は近代以前から日本（本土）に翻弄され、多くの悲劇を体験してきました。

悲しい「沖縄の記憶」の一つに、アジア太平洋戦争末期の地上戦があります。(5)住民の死傷は米軍との戦闘だけでなく、日本軍によるものも多発しました。避難していたガマと呼ばれる洞窟から日本軍に追い出されたことによる銃砲弾の犠牲者、食料が強奪されたことによる餓死者、あるいは「非国民・スパイ」として殺害された事例、乳幼児が泣くと見つかるとして殺害された事例などもあります。こうした事件の発生は、日本軍が「（本土とは異なり）民度が低い」と捉えたウチナーンチュへの差

沖縄本島糸満市の平和祈念公園にある沖縄戦戦没者の氏名を記した「平和の礎（いしじ）」。

別意識、不信感が原因の一つでした。[6]

沖縄が地上戦の舞台となったのには理由がありました。一九四四年七月にマリアナ諸島のサイパン島で日本軍守備隊が全滅しました。米軍は日本本土空爆のための基地を確保したのです。敗色が濃くなっていく中で、沖縄では民間人が総動員されていきました。一九四五年二月、昭和天皇側近の元老である近衛《このえ》文麿《ふみまろ》は上奏文（天皇に言上する意見書）をしたため、「国体（天皇制の国家体制）を維持するためには連合諸国との講和交渉も必要ではないか」と進言しました。しかし天皇は、「もう一度戦果を挙げてからでないとなかなか話は難しいと思う」としてこれを退けた、と言われています。沖縄県南部にある平和祈念資料館を訪ねてみてください。入ったばかりのところにある展示パネルには「近衛上奏文」が掲げられています。そこからは、本土の「捨て石」として利用され、多くの命を奪われた沖縄の無念を読み取ることができるのではないでしょうか。

沖縄県援護課によれば、日本側の死者・行方不明者は判明しているだけで一八万八一三六人に上っています。うち沖縄出身者は一二万二二二八人、しかも、うち九万四〇〇〇人が一般市民（非戦闘員）でした。ただし戸籍の焼失や、一家全滅も少なくないなどの事情から全面的な把握には至っておらず、実数はこれを大きく上回るとの見方もあります。さらに、沖縄戦では集団での自決行為が多数発生しました。いわゆる「集団死」(7)は日本軍が駐屯していた島で起こっており、住民は米軍上陸時には自決せよとあらかじめ軍から訓示・命令を受け、手榴弾が配布されていました(8)。

3　戦後の沖縄とヤマト国家

かつての沖縄は日本とは別の政体を持った国（琉球王国）でした。このことをふまえて、以降の節では戦後の日本と沖縄との関係を考えるために、沖縄県を除く日本国を「ヤマト国家」と便宜的に名付けておきましょう。明治時代の「琉球処分」から沖縄戦へと続いた沖縄疎外の仕組みは、その後もヤマト国家によって維持されてきました。

ヤマト国家は一九五〇年に朝鮮戦争が始まる中、翌五一年に七カ国(9)を除く連合国と調印したサンフランシスコ講和条約で一応の「独立」を回復しました。しかしその一方で、沖縄は米国（軍）の統治下に置かれ、〝基地の島〟となっていったのです。ウチナーンチュから見れば、講和条約は沖縄に犠

市街地の真ん中あり、「世界で最も危険な基地」と言われる米海兵隊普天間基地（沖縄県宜野湾（ぎのわん）市、嘉数（かかず）展望台から）。

牲を強いることでヤマト国家の「独立」を保障したものであり、同時に結ばれた日米安全保障条約は基地負担などの重荷を沖縄に課すものであったのです。

一九七二年五月一五日に日本復帰を果たすまで、沖縄は北緯二七度線でヤマト国家と分け隔てられていました。このオキナワ分離の状況、あるいはヤマトとオキナワの格差の背景には、戦後世界における米ソ冷戦構造がありました。それゆえに、ウチナーンチュの人々は「基地のない平和な島の回復」を訴え、非戦の憲法を持つ日本への復帰運動を進めたのでした。しかし、実現した〝復帰〟は、非戦と平和の島への回帰をもたらすものとはなりませんでした。日本政府は沖縄に米軍基地の集中を認め、この地を「戦場の島」に留め置いたのです。

ヤマト国家の政府首脳は、「日米安全保障条約は日本が他国から侵略されないために必要で、沖縄に米軍基地を置くのはやむを得ない」と言うのですが、果たしてこの主張はウチナーンチュから見ればどう映るのでしょう。私たちの国際学の「学び」では視点の相対化・総体化が重要であること、固定観念を捨て、抑圧される相手への想像力を働かせ、そこから物事を見つめ直すことで問題の全容を理解することがいかに大切であるかについて考えなければなりません。想像してみましょう。もし、あなたが米軍基地のすぐ隣で暮らすこととなり、戦闘機やヘリコプターの騒音、墜落の危険性、兵士の住居侵入や殺傷さえもが起きかねないという恐怖に毎日を脅かされているとしたら、こう考えても不思議ではないでしょう――〈基地を自分たちに押しつけてしか成り立たないような「安全保障」に何の意味があるのだろう〉〈そもそも、そうした犠牲を一方的に強いることが、本当に「日米同盟」の名に値するのか〉〈ウチナーンチュは日米安全保障条約を口実に生活の安全を保障されておらず、ヤマト国家の犠牲になっているのではないだろうか〉。そう、ヤマト国家とオキナワの関係をめぐる近代史は、「琉球処分」以来続いている一方的な「中枢 - 周辺関係」に無自覚な、ヤマト国家の傲慢さを示すものだったのです。

4　「豊かさ」の問い直し――新自由主義について

この章では東北地方の「核」関連施設のことや、沖縄の米軍基地問題などを通じて、現代日本に存在し続ける「中枢 - 周辺関係」を問題にしてきました。この問題と密接に関連しているのは、「本当の豊かさとは何だろう」という問いかもしれません。多くの人々は、原発からの電気供給の仕組みや、米軍による「安全保障」の仕組みを認めたうえで、より「便利で、豊かな」生活を目指すことこそが正しいことだという〝常識〟を持ち、疑ってきませんでした。その結果、放射能汚染という危機に直面することになったばかりか、米国からの軍事負担や、最近では米軍とともに自衛隊を海外に展開することさえ求められかねない状況になってきました。それを支えるために、「核」施設や軍事基地という犠牲を地方の人々、あるいは未来の世代に押しつけようとしているのです（危険な「核のごみ」を完全に密封し、未来世代に迷惑をかけないようにすることは現時点では不可能です。また沖縄・普天間基地の脇には小学校があり、子どもたちは日々騒音や墜落の危険と向き合わなければなりません。移転対象とされてしまっている沖縄・辺野古《へのこ》崎周辺も、島内屈指のサンゴ礁を埋め立てなければ代替基地を施設することができません。いずれも住民に負担を強いるものばかりです）。

中央の人々は目前の「便利さ、豊かさ」を求めるあまり、それに伴う負担を周辺の他者に押しつけていることにあまりに鈍感ではなかったでしょうか。おおよそ持続不可能な「永遠の豊かさ」という幻想を追い求める経済行動、そのためには他人の犠牲などお構いなしの姿勢は、とくに近年の日米の政府、巨大企業などで目立ってきたものです。市場競争で強い者が勝ち、弱いものは脱落する。富める者と貧しき者、あるいは先進諸国と途上諸国との格差の拡大を市場原理・自由競争の結果として「仕方がないこと」とし、一部の人々への富や権力の集中を認め、摩擦が起こると権力が介入して力で解決を図ろうとする。地球市民としての自覚や結びつきをないがしろにするこのような傾向は、「新自由主義《ネオリベラリズム》」と呼ばれ、今、世界に強い影響力を振るっているものです[10]。

私たちはこうした考え方が社会の隅々を覆い、それを支える仕組みが着々と作られているという事実を、どれほど自覚できているでしょうか。新自由主義の影響を強く受けているマスコミはそのことをあまり批判しません。学校での教育もまた、それを明確に問題として取り上げていません。何かおかしいと感じながらも、いつの間にか慣らされ、諦めにも似た感覚を持つに至ってはいないでしょうか。しかし、原発事故や米軍基地問題が私たちに教えてくれるのは、そうした状況への疑問、今のような社会のあり方がもう続かないかもしれないという予感、今までとは違った新しい考え方や生活スタイルを目指さなければいけないという反省ではないかと思うのです。

5 「豊かさ」のことをアダム・スミスに戻って考えてみる

そもそも、ここで言う「豊かさ」とは何を指しているのでしょう。一般に経済学が示す「豊かさ」の代表的な指標としては国民所得（ＮＩ＝National Income）があります。これは国内で一年間に稼ぎ出された財・サービスの合計額、つまり新たな「儲け」（付加価値と言います）の合計である国内総生産（ＧＤＰ＝Gross Domestic Product）、あるいは海外での所得を加味した国民総生産（ＧＮＰ＝Gross National Product）などの値をもとに割り出されます。[11] それが大きくなるほど国民は「豊かになる」とされるのですが、そのためには利潤や賃金などを際限なく拡大していく必要があります。成長を続けるには限りなく経済活動を広げなければならなくなります。しかしそうすると、「限りある資源」「循環する生態系」といった基本的な事実さえないがしろにするエネルギー浪費や環境破壊もが拡大していくことになります。その結果、「豊かさ」を追求するには原発を建設・稼働し続けなければならないとか二酸化炭素（CO_2）の総排出量もそう簡単には減らせない、ということになってしまいます。

もともと経済学は「希少性に関する学問」と言われます。「希少性」とは限りのある形でしか存在しないこと、珍しいことを言います。経済学は「限りある資源」という制約の中で、どのように合理的な生産や分配をするのか、という課題を考える学として発展を遂げてきました。しかし、今ではその課題は脇に追いやられ、「永遠の経済発展」というあり得ない〝夢〟を追求する考え方が一人歩きしてしまったようです。そして、中央の人々が大量生産・大量消費・大量廃棄の生活を追い求め続けた結果、周辺他者への迷惑・犠牲の上に「便利さ・豊かさ」が成り立つという、歪んだ社会構造が出来上がってしまいました。

今日の経済学の基礎を作り上げたのは『国富論』（一七七六）の著者として有名なイギリスのアダム・スミス（一七二三～九〇）です。古典派経済学の祖、「経済学の父」と呼ばれていますが、彼は経済学者である前に道徳哲学者でした。彼は『道徳感情論』（一七五九）という本の中で、資本主義の合理性を説明する前提として、人間にはモラル（道徳心）や他者の不幸に対する同情心が備わっていることを強調し、教養を備えた個人が市民として社会に関わろうとする前向きの姿勢や共感、他者への想像力の大切さを説いていました[12]。彼が理想とした自由主義経済社会とは、金儲け第一の競争社会でもなければ、他者を犠牲にしてまで豊かになろうとする「欲望の体系[13]」としての市民社会でもなく、自立した市民の意識と他者への思いやりをもとにした公共性が根づく社会だったのです。

現在、世界では脱GDP、脱GNPの考え方も台頭してきています。たとえば、ヒマラヤ山脈の東にあるブータン王国が導入している「国民総幸福量（GNH＝Gross National Happiness）」という指標は、物質第一主義ではない、地域の結びつきや精神的豊かさを積極的に評価しようとする試みとして有名です。私たちの大学・学部の授業においても、ある学生は言っています。「豊かな生活とはどういうことか。私は誰もが〝被害者（加害者）〟にならない生活と考えました」。また、別の学生はこう言っています。「誰かを、何かを犠牲にせず、みんなが平等に生きること。それこそが『豊かさ』だと考えている[14]」。

「3・11」は、こうしたことを考え直すきっかけとなりました。ヤマト国家の多くの日本人の心情として、福島原発事故は「第三の原爆投下」とでも言うべき大事件でした。一九四五年八月一五日、原爆という巨大な惨禍を経験したヤマト国家の日本人は、この敗戦の日を「リセットの日」とし、悲惨な戦争が再び起こらないことを、そして「国家が死を強制する仕組み」からの解放を心深く誓いました。二〇一一年三月一一日を経験した私たちもまた、この日を、「豊かさ幻想」に囚われた生活を見直し、「新しい道」を切り開く機会を与えてくれた日として、銘記すべきでしょう。

6　「負の公共性」を乗り越える

「中枢‐周辺関係」は今の国際社会の中にも見られます。現在の先進諸国と途上諸国との関係は、植民地支配という歴史の上に作り上げられた構造であるとも言えます。両者の間にある諸々の格差は「南北問題」と言われます。「南」（＝途上諸国）の飢えや貧困の問題は、「北」（＝先進資本主義諸国）の支配・搾取がもたらした地球規模の「中枢‐周辺関係」が原因となっていることは否定できません。福島原発事故や沖縄の米軍基地問題は、よりグローバルな視点から考えていく必要があるのです。

これに関連して考えたいのは、「公共の福祉」「公共性」とはそもそも何なのか、という問いです。

福島への原発立地や沖縄への米軍基地集中は、「豊かな国民生活のためのエネルギー確保」や「国家国民の安全保障のため」といった大義名分のもと、日本政府によって推進されてきました。ただおかしなことに、ここに掲げられた「公共の福祉」や「公共性」の具体的な内容、実態、とくにそれがもたらす危険や負担の大きさなどのデメリットについては、一番の利害関係者であるはずの地元の人々に対しては明確な説明がほとんどなされてこなかったのが現実です。あえてそれら重要国策の〝合法性〟の根拠を探し出すとすれば、それは単に「御上《おかみ》が推進するもの」という事実だけです。たとえば、日本の原子力政策は、「原発や核燃料再処理施設は資源の乏しい我が国の国民が豊かな生活を営んでゆくために絶対に必要」との国民的「公共の福祉」を優先する立場から、地方の人々の基本的人権を犠牲にして推進されてきました。そこでは、社会的に弱い立場に追い込まれている人々の生活者としての意見や社会権・自由権は考慮されず、それに反対することは「公共の福祉」に反するとして制約を受けたり、「住民エゴ」「地域エゴ」として切り捨てられたりしてきたのです。

社会的に弱い立場に追い込まれている人々の人権を蹂躙するこうした「公共の福祉」「公共性」論を、ここでは国家的「負の公共性」という言葉で表しておきます。「負の公共性」論は、多くの場合、「大多数の人々の利益を実現するために、少数の人々には我慢してもらう他はない」という論法で説明されます。しかし、実際にはそれは決して「大多数の利益」ではなく、権力や資本を持つごく一部の人々がマスメディアを使って巧妙な世論操作をし、さまざまな脅かし、懐柔策などによって自分の利益を実現しようとするための方便としての論法であることが多いのです。社会的に弱い立場に追い込まれた人々は、自分の主張をマスコミで開示できるチャンスはほとんどなく、抵抗手段も限られています。「負の公共性」が押し進められると、人々の市民社会生活は「公共」という言葉とは裏腹に、「共に生きる」とか「地域のために共に働く」といった真の公共性が逆に侵されていくというのがこれまでの常でした。

今、私たちの国際学の「学び」ができることは何でしょうか。限られた「強者」が利益を得るために多くの「弱者」の生活が犠牲にされている現状の仕組みに気づくこと、なぜそのような理不尽がまかり通っているのかを考えること、そしてそうした形でしか実現できない「豊かさ」など絶対におかしい、あってはならないものだ、と声を上げること。まずここから始めるべきではないでしょうか。

これまでのライフスタイルを改め、別の道へと踏み出していくことは、国際的な視点からも大切なことです。たとえば、原発で使用されるウラン燃料の原料であるウラン鉱石はオーストラリアや北米地域から運ばれてきますが、採掘が行われている場所は主に先住民族の居留区です。そのため米国やカナダのネイティヴ・アメリカンの人たち、オーストラリアのアボリジニーの人たちは、昔からずっと被ばくの危険に曝され続けてきました。また、ウラン燃料の製造過程で出る残り滓（減損ウラン）を混ぜ合わせて作られる「劣化ウラン弾」という砲弾は、アフガニスタンやイラクの戦場で使用され、米軍兵士の被ばくにとどまらず、現地の子どもたちの間に小児がんを多発させています。「核」の被害はまさにグローバル化し、「ヒバクシャ」は世界各地で確実に増加の一途をたどっているのです。

在日米軍基地もまた、「日本を守るためにある」とは単純に言えるものではなさそうです。朝鮮戦争（一九五〇年代）、ベトナム戦争（一九六〇〜七〇年代）、アフガニスタン侵攻（二〇〇一年）、イラク戦争（二〇〇三年）など、第二次世界大戦後に米国が起こした数々の軍事行動に対して、沖縄を含む在日米軍基地は常に最前線基地としての役割を果たしてきました。そこから見えてくるのは、少なくとも米国にとって在日米軍基地は必ずしも日本を守るために機能してきたのではなく、むしろ自身の戦争の戦略拠点としての利用価値を第一に、それに協力させるために自衛隊等の日本の「戦力」を配置してきたという日米同盟のありようです。ヤマト国家の日本政府、そして日本人は、アジア・中東地域で多くの犠牲者を生み出した米国の戦争にこうした形で協力してきたことに、どれだけ責任を感じているでしょう。戦後日本は朝鮮戦争やベトナム戦争に関わることで「戦争特需景気」を得、経済復興や高度経済成長を成し遂げました。そのようにして得てきた「豊さ」とはいったい何だったのでしょうか。

このような国際的な構造の中にも、中央の人々の「豊かさ」のために周辺の人々が犠牲を強いられるという、国内で起きていることとまったく同じ構造を見ることができるのです。

7　共に作り上げる「真に豊かな私たちの世界」へ

現在の米国人のような大量消費生活を人類すべてが真似すると、地球面積の約五・一倍が必要になってしまうとの研究があります。(15) 周辺他者の生活を脅かしてまで中央の自分たちの経済的「豊かさ」を求める仕組みが、どれほど持続可能なものでないかは明らかです。

「3・11」によって私たちは、原子爆弾と原子力発電所とが基本的には同じ開発思想や開発技術から生まれてきたものであることをあらためて知りました。そしてそこから生じる「負の遺産」までもが実はほとんど同じであることを知り、「核」と人類が共存できないことに気づきはじめました。本章で明らかになったように、沖縄の基地問題も、この「3・11」の教訓と決して切り離すことのできない問題であることを私たちは忘れてはなりません。

「核」に見切りをつけるためには、身近で、比較的安全なエネルギー供給の仕組みへシフトしていくことが何よりも重要です。暮らしを地域独占の巨大電力会社に委ねて遠くからの送電に頼るのではなく、各地域や家庭単位で一定程度の電力を賄えるよう、小規模でも分権的な電気供給の仕組みを考え、普及させていく努力が求められています。同様に、「生活」の安全保障と「国家」の安全保障とは必ずしも同じではないことを認識し、「国家」の安全保障が孕む軍事的予防策という考え方を払い除け、「生活」の安全保障を武力以外の方法で作り上げていくことも重要です。地域内、地域間の相互依存・相互協力を大切にし、国際的にも、よりよい関係を結ぶ平和外交、経済連携、文化交流を積極的に進めることで、生活者一人ひとりの命と尊厳を第一とする、安全・安心社会へと向かう努力を積み重ねていくべきでしょう。

私たちの国際学の「学び」は、福島や沖縄が発する悲しみ、憤り、そして希望と共にあり続けたいと思います。地球市民としての自覚を持って、より平和的で公正な「真に豊かな私たちの世界」を作り上げていくために、あなたも私たちと共に、この「新しい道」を一歩ずつ歩んでいきませんか。

（奥田孝晴・本浜秀彦）

注

（1）福島原発事故独立検証委員会（民間事故調）の北澤宏一委員長の言。同委『調査・検証報告書』（二〇一二年一二月、五頁)。

(2) 文教大学国際学部授業科目「国際学入門」の学生コメントペーパーより(二〇一二年六月)。

(3) 二〇〇八(平成二〇)年度実績、首都圏エネルギー懇談会資料。

(4) 二〇一四年現在、三〇〇〇トンの貯蔵能力がある六ヶ所村の使用済み燃料棒貯蔵プールはほぼ満杯、また「核のごみ」も他に行き場のない状態が続いています。各地原発敷地内のプールに「一時的保管中」の使用済み燃料棒も一万四二〇〇トンという膨大な量に達しており、〝限界〟までに残された時間はそう長くないのが実情です。

(5) 「沖縄戦」は米軍が慶良間《けらま》諸島に侵攻した一九四五年三月二六日から始まり、組織的戦闘が終了した六月二三日(現在は「慰霊の日」となっている)を経てもなお残存兵や住民らによって戦闘が続き、敗戦後の九月七日に日本軍と連合軍が嘉手納で降伏状文書を調印した日に至って終了しました。

(6) たとえば、一九四五年三月に駐屯日本軍によって作成された「国頭支隊作戦大綱」には、「防諜は本来敵の宣伝謀略の防止破壊にあるも本島の如く民度低く且つ島嶼なるにおいては寧ろ消極的即ち軍事初め国内諸策の漏洩防止に重点を指向し…」(傍点筆者)として、沖縄の住民を劣った者、信用できない者との認識が示されていました。歴史教科書教材研究会編『歴史史料体系第11巻』(学校図書出版、二〇〇一)。

(7) この事件は「集団自決」と言われていましたが、住民の自発的な意思による死ではなく、軍が強要した圧力のもとで起きた事件として「集団死」や「強制的集団自決」との言葉で表されるようになりました。シカゴ大学名誉教授のノーマ・フィールド氏は著書『天皇の逝く国で』(みすず書房、一九九四)の中で、そうした脈絡をふまえて「集団死」「強制的集団自決」との言葉を提案しています。

(8) 「集団死」事件は慶良間諸島の渡嘉敷《とかしき》島・座間味《ざまみ》島、読谷《よみたん》村、伊江《いえ》島、本島南部などで確認されています。

(9) ソ連、ポーランド、チェコスロヴァキア、中華民国(台湾)、中国、インド、ビルマ(現、ミャンマー)。

（10）　社会政治思想としては新保守主義（ネオコンサーバティズム）と呼ばれ、一九八〇年代のイギリスのサッチャー（サッチャーイズム）、米国のレーガン（レーガノミクス）、日本の中曽根政権などの政策が代表例とされています。こうした思想の延長線上で、国益のためには先制武力攻撃も辞さずと米国のブッシュ（子）政権は主張し、日本の小泉政権もこれに同調してアフガニスタン侵攻やイラク戦争が行われました。安倍政権による「アベノミクス」もまた、基本的にはこうした考えに基づいていると言えるでしょう。

（11）　経済学的には定義がありますが、いずれも一年間の生産活動による付加価値の合計を市場価格で評価し、割り出される指標です。最近では経済規模の指標としてGDPが用いられることが多くなっています。

（12）　アダム・スミス『道徳感情論』（上巻、岩波文庫、二〇〇三、二四～二五頁）。

（13）　市民社会を「欲望の体系」と呼んだのはドイツ観念論哲学の大成者ヘーゲル（一七七〇～一八三一）です。

（14）　文教大学国際学部授業科目「国際学入門」（二〇一三年度春学期）での受講学生の発表意見より。

（15）　ある地域の消費を支えるために必要な土地面積を示したものを「エコロジカル・フットプリント（EFP）」と呼びます。地域外からの輸入、移入に支えられて大量消費を行っている先進諸国や大都市のEFPは自らの面積の数百倍が必要となる、という試算が出されています。広井良由『人口減少社会という希望』（朝日新聞出版、二〇一三、第I部3章参照）。

参考文献

奥田孝晴ほか『三訂版　グローバリゼーション・スタディーズ』（創成社、二〇一二）
高橋哲哉『犠牲のシステム福島・沖縄』（集英社新書、二〇一二）
広河隆一『福島原発と人びと』（岩波新書、二〇一一）
孫崎享『戦後史の正体』（創元社、二〇一二）

第10章 パスポートから見た国際社会

――地球市民社会に向けた国際社会へ

1 「海外旅行」の必需品

みなさんは「海外旅行」に関心がありますか。すでに「海外旅行」を経験した人もそうでない人も次の質問にまずは答えてみてください。「海外旅行」をするために必要な第一の条件とは何であると思いますか。

「海外旅行」をするにはそもそも、日本から出国して外国へ入国する必要があるのです。そんなの当たりまえじゃないかと笑われるかもしれません。では、出入国の際、離着陸空港などで「出国審査」や「入国審査」が行われていることはご存じでしたか。国家が「出入国管理」をするのはこれまた当然じゃないかと思ってはいませんか。

この章では、現代においてなぜ国家（政府）間において出入国管理（Immigration Control）が行われているのか、またどのようにしてそれが遂行されているのかをみなさんと一緒に考えることで、多くの日本人が自明視していると思われる現在の「国際社会」の成り立ちやあり方について、一つの問い直しを試みてみたいと思います。

現代の国家が出入国管理をする目的は何でしょうか。端的に言えば、それは、独立国家としての威信、国家や国民の利益の擁護、そして「検問」（＝犯罪捜査や治安維持のための人の点検）の三つとされています。法務省には日本の出入国管理の行政を担当する部署として入国管理局（入管＝イミグレーション）というのがあります。入国管理局ホームページ(1)には、当局の目的が次のように紹介されています。

法務省入国管理局では、「ルールを守って国際化」を合い言葉に出入国管理行政を通じて日本と世界を結び、人々の国際的な交流の円滑化を図るとともに、我が国にとって好ましくない外国人を強制的に国外に退去させることにより、健全な日本社会の発展に寄与しています。

また、入国管理局パンフレット（出入国管理のしおり）二〇一四年版の「1　すべての人の出入国の公正な管理(2)」には、入管の仕事について次のような説明があります。

国境を越える人々、そのスムーズな移動のために…

国際化時代の中で、日本は世界に向かってできる限り扉を開くようにしています。とは言っても、外国人が何らの制限や審査も受けずに自由に日本に入国し、仕事につき、生活してよいというわけではありません。外国人がどのような目的で日本を訪れ、どのくらい滞在するのか、それが日本人の生活をおびやかすことがないのかどうかなどを日本の法令に基づいて判断し、日本に滞在することができるかどうかが決められます。これを行う入国管理の仕事は、人の交流が活発になればなるほど一層重要になってきています。正当な目的をもって来日しようとする人がスムーズに入国し安心して生活できるようにするとともに、日本での滞在を認めてはならないような外国人から日本国民の生命・安全や産業・国民生活上の利益を守ることも、また入管の仕事です。

すでにお気づきでしょうが、入管のホームページやパンフレットでは、あるタイプの外国人をカテゴリー化して、「好ましくない外国人を強制的に国外に退去させる」とか、「日本での滞在を認めてはならないような外国人から日本国民の［…］利益を守る」といった文言が正面から使用されています。みなさんは、こうした記述を妥当だと思いますか。現在の国際法上の原則では、国民や外国人の出入国管理に関わる事項は、各国の「主権」によって自由に定めることができるとされています。したがって、自国の社会にとって「好ましくない外国人」を強制退去させることは、一定の手続きさえ行えば国際的には認められているのです。また、日本国（政府）が、国家管理において外国人嫌悪（xenophobia）の傾向が強い近代国家の一員として出発したという事実も知っておいたほうがよいでしょう。「我が国にとって好ましくない外国人」の類型については、入国管理法第五条第一項「上陸拒否事由」および同二四条「退去強制事由」の項目にまとめられています。年間一万人ほどの「外国人」が「入国拒否」をされている現実が日本にはあります（海外では近年、貧困や治安の悪化、地域紛争などで命からがら国境を越えて他国へと避難する人たち＝難民がいっそう増えています。正規の手続きを踏む余裕もなく「密入国」する人たちも大勢います。その直接・間接の要因には前章で見てきた「南北問題」があります。少なくとも、社会的に弱い立場に追い込まれているそのような人々を、「我が国にとって好ましくない外国人」と見なすことはできないでしょう）。

では、日本人の「出国手続」[3]と外国人の「入国手続」[4]について、入管の各種手続案内ではどのように説明しているのでしょうか。まず、日本人の「出国手続」の項目を見てみましょう（入管法第六〇条に基づく）。

日本人が我が国以外の地域に向けて出国することは、国民が当然に有する権利として保障されています（憲法第二二条第二項）。このような権利を有する日本人の出国手続については、外国人の出国手続とは別の方法を規定しています。出国しようとする日本人は、有効な旅券を所持し、入国審査官から出国の確認を受けなければ出国してはならず、これを受けないで出国し、又は出国することを企てた者は、刑事罰の対象となります（入管法第七一条）。

外国人の「入国手続」についてはこう書かれています（入管法第三条に基づく）。

外国人が我が国の領海内に入った段階において規制を実施することができるようにするために、「有効な旅券を所持すべきこと」という入国条件を定め、この入国条件に違反した外国人は規制の対象となるという法制になっています。また、我が国に上陸し在留しようとする外国人については、我が国の社会と実質的なかかわりを持つことから、これを認めるか否かについて上陸のための審査を行うことが必要となります。しかし、我が国の領海や領空内に入ったとしても、我が国に上陸することなく領海や領空を通過する外国人も存在することから、外国人からの上陸申請をもって審査し上陸の許否を決定しています。

さらに日本人の「帰国[5]」については次のように説明しています（入管法第六一条に基づく）。

日本人が帰国することは、国民が当然に有する権利として解されています。このような権利を有する日本人の帰国を外国人の入国と同様の手続とすることは適当でないので、入管法は日本人の帰国手続について外国人の入国手続とは別な方法を規定しています。

日本人の帰国の手続は、入国審査官が帰国を確認し、原則として旅券に帰国の証印をすることになっていますが、やむを得ない事情により旅券を所持していない場合には、帰国証明書を交付することによって行うと規定されています。これは、たとえ旅券を所持することがなくても日本の国籍を有することを証する文書を所持するなどして、日本人であることが確認されれば、帰国することに支障がないことを明らかにしたものです。

以上のように、日本国の入国管理局が説明する入管の仕事に関する記述を見ていくと、国家の「出入国管理」を必然とし、日本人と外国人の区別の自明視を大前提としたうえで「出入国管理」の手続が行われ、それが「有効な旅券の所持」という規定のもとで成り立っていることがわかってきます。たしかに、外国人・自国民の「出入国管理」はそのほとんどが「旅券」に基づいて施行されています。そのため日本の外務省は、次節で見るように、日本人は「旅券」がないと世界のどの国にも入国できないのが現代の国際社会の現状なのだと説明するわけですが、これと異なる現実があることについては後で触れたいと思います。

いずれにしても、このような国家管理体制を大前提に、海外旅行をする際にはまず第一に「パスポート＝旅券の申請」が必要とされているわけです。実際、市販の海外旅行ガイドブックの最初のページには必ず「パスポート＝旅券の申請」に関する項目が設けられています。そこには「パスポート申請時に必要な書類」として、(1)一般旅券発給申請書（一通）、(2)戸籍抄本または謄本（一通）、(3)住民票の写し（一通）、(4)写真（一枚）、(5)身元確認書類（運転免許証など）といった項目が連記されています。

２　パスポートとは何か

今現在、日本人の二四％（四人に一人）がパスポートを所持していると言われています。外務省の日本語ホームページ（「渡航関連情報」の中の「パスポート（Passport A to Z）」の項「広報・統計・

調査」より）には、「パスポートは世界で通用する〝身分証明書〟です」という文章に続き、パスポートについて以下のような説明がなされています。[7]

パスポート（旅券）は生命の次に大切なもの！

世界のほとんどの国が、外国人の入国・滞在を許可する条件の一つとして、パスポートの携帯及び呈示を求めています。また、普通は、自国民の出国・帰国の際にもパスポートの携帯及び呈示を義務付けています。つまり、パスポートを持っていなければ、世界のどの国にも入国できないばかりではなく、そもそも日本から出国することさえできません。更に、パスポートは、外国滞在中に事件に巻き込まれた場合など、必要に応じていつでもどこでも呈示を求められることがあるものです。言葉の異なる海外にあって、自分が何者であるか（国籍、氏名、年齢など）を具体的に証明できるほぼ唯一の手段と言うことができます。（また、パスポートには、日本国外務大臣の名前で「日本国民である本パスポートの所持人を通路故障なく旅行させ、同人に必要な保護扶助を与えられるよう、関係の諸官に要請する。」との、いわゆる〝保護要請文〟が記載されています。）[8]

この説明からすると、パスポートを持っていないと、「世界のほとんどの国」では出入国ができないことになります。また、パスポートは外国で「自分が何者であるか（国籍、氏名、年齢など）を具体的に証明できるほぼ唯一の手段」（身分証明書）ということになります。

パスポートを所持するにはパスポートの「申請」「交付」「受取」が必要となります。この手続きは原則として住民票のある各都道府県の旅券窓口（パスポートセンター）で行われています（二〇〇六年以降、一部地域では市役所・町村役場等の窓口でも受け付けています）。つまり、パスポートの交付官庁は都道府県とされているのです。外務省では一般旅券の申請受付は行っていません。一方、交付官庁とは別に発行官庁というものもあります。発行官庁は外務省です。外務省は、パスポートとどう関わっているのでしょうか。

外務省令によれば、一般旅券発給申請書（および写真）は都道府県知事を経由して外務大臣に提出することになっています。外務大臣が、発給申請に基づき、一般旅券を発行するのです。また、上記の外務省の説明では、パスポートは「自分が何者であるか（国籍、氏名、年齢など）を具体的に証明できるほぼ唯一の手段」としています。パスポートの発行官庁である外務省は、公布されたパスポートによってその所持者が「日本国民」であることを身分証明しているのです。ではその所持者は、パスポートの交付を受ける際、何によって「日本国民」であることを証明するのでしょうか。別の言い方をすれば、外務省はその人にパスポートを発行する際、何によってその人が「日本国民」であることを確認するのでしょうか。

その証明・確認の手段、手続きについて外務省は次のように説明しています。(9)

パスポートは、日本政府が外国に渡航される方の日本国籍、身分を証明し、渡航先の外国政府に保護を依頼する大切な証明書です。このため、パスポートを発給するに当たりましては、申請窓口において、申請者の方の国籍、氏名、生年月日等の身分事項や他人によるなりすまし申請でないことの確認も含め、厳正なチェックが行われています。現在のところ、日本国における申請者の国籍と身分関係を公証する唯一の手段は戸籍のみです。そして、その戸籍の内容を本籍地の市区町村長が証明するのが戸籍謄（抄）本であることから、パスポート申請時には戸籍謄（抄）本の提出をお願いしています。

これによれば、外務省が「パスポート」所持者を「日本国籍」所持者として認める「唯一の手段」[10]は「戸籍のみ」ということになります。では、「戸籍」とは何でしょうか。法務省の「戸籍」の説明は以下のようになっています。

戸籍は、人の出生から死亡に至るまでの親族関係を登録公証するもので、日本国民について編製され、日本国籍をも公証する唯一の制度です（傍点、引用者）。

戸籍とは第一に（実のところ日本国独自の）「親族的身分関係（夫婦、親子、兄弟姉妹等）を戸籍簿に登録し、これを公証する制度」であり、二次的に「日本国籍をも公証する唯一の制度」であると説明されているわけです。ちなみに、古代中国の戸籍制度に倣って成立した日本の古代戸籍制度の歴史は律令制の時代にまで遡ります（六七〇［天智九］年の庚午年籍《こうごねんじゃく》）。律令制の時代が終わると一一世紀には廃絶しました。しかし近代に復活され、一八九八（明治三一）年には家を基本単位とする戸籍法が、また日本国憲法下で家制度が廃止された後の一九四八（昭和二三）年には夫婦を基本単位とする戸籍法が施行されて現在に至っています。

一方、日本ではこれとは別に、日本国憲法下で一九五〇（昭和二五）年に「国籍法」が施行されています（明治政府による旧国籍法を経て全面改正されたもの。以後現在まで五回の改正を重ねています）。そもそも「日本国籍」はこの「国籍法」によって規定されているのです。その第一条は「日本国民たる要件は、この法律の定めるところによる」（傍点、引用者）となっています。そしてその条文を見ると、「日本国民」とは、そうと明記されてはいないにもかかわらず「日本国籍取得者」を指していることがわかります。つまり「国籍法」上では、（帰化した外国人も含んだ）「日本国籍取得者」が「日本国民」であると見なされているのです。国籍法第二条では、血統主義の原則を採用し、子は「出生のときに父又は母が日本国民であるとき」あるいは「出生前に死亡した父が死亡したときに日本国民であったとき」、そして例外的に「日本で生まれた場合において、父母がともに知れないとき、又は国籍を有しないとき」日本国籍を取得できるとなっています。また同第三条、四条では帰化についても国籍取得が保障されています。しかし、国籍法では、国籍の取得方法などに関するこうした国籍事務の規定はあるものの、国籍の身分証明が国家の一元的な公証制度で行われねばならないといった規定はありません。このことは、日本国には「日本国民」と「日本国籍取得者」との関係を直接に証明する法制度がないことを意味します。

かくして日本では、「戸籍法」の戸籍簿の援用によって「日本国民」としての国民登録が行われてきたわけです。これが外務省の言う「厳正なチェック」の中身です。実のところ、日本では法律上、国家が国民を直接的に公証する制度はないのです。日本国籍を唯一間接的に証明するために援用されているでのが戸籍簿であって、これをもって便宜的に「国籍を公証する唯一の手段」と説明しているにすぎません。このため、実際には、国籍と戸籍の記載が一致しない場合も数多く生じています。日本の国籍身分証明書とされる「パスポートによる国籍証明」の法的根拠は、このように案外ずさんであることがわかります。

ところで、世界的に国籍という概念が生まれたのはいつ頃からでしょうか。どうもそれは、一八世紀のヨーロッパにおいて市民革命（ブルジョア革命）が起こり、「国民国家（nation-state）」という統一国家モデルが形成されたことと関連しているようです。民族を基礎とする国民単位でまとめられた「国民国家」は、近代社会における正統な国家イデオロギーとしてヨーロッパの国際秩序を形づくってきました。ウェストファリア条約（一六四八年）以降に作り上げられた主権国家体制の中で、それまでの中央集権的な絶対王政を打倒する市民革命（清教徒革命・名誉革命・米国独立革命・フランス革命など）がヨーロッパを中心に広がり、「君主」に代わって「国民」が国家主権者の位置に就くことで生まれたのが、「国民国家」としての近代国家の始まりです。フランス革命においては、一七八九年に「人権宣言」（人間および市民の権利の宣言）が憲法制定国民会議のもとで可決されました。これは、自然法思想や啓蒙思想に基づくブルジョア市民社会の原理を確立させたものとして、その後の近代社会に大きな歴史的影響を与えました。日本でも明治以降、天皇を主権者とする天皇制型「国民国家」を成立させました。

「国籍（nationality）」概念はこうした近代「国民国家」の国際秩序・国際社会の中で発達してきた

ものです。「国籍」概念が確立すると、国家は「誰が国民であり、誰が国民でなく、誰が出入国できるのか」の区別を法的に規定するようになりました。各国が国籍法を整備するようになったのは二〇世紀前後になってからのことです。「国籍」を有することによって諸個人は、特定の一国家に所属することとなりました。国家の構成員としての資格を持ち、国家の統治（国民の義務）に服し、人権を含む国民の権利を享有するという考え方は、この「国籍」概念の確立によって自明とされるようになったのです。

今日の国際法においては、「国籍法（国籍得喪に関する法律）」の立法（国家がいかなる個人に国籍を与え、自国の国民とするかの法律）は各国の国内管轄事項とされていますが、原則としては「国籍唯一の原則（国籍単一の原則）」と「国籍非強制の原則（国籍自由の原則）」が理想と見なされています。しかし近年、ヨーロッパをはじめ世界の国々の約半分では、移民の子どもたちに見られる二重国籍の問題などを考慮して、「重国籍」に対しては比較的寛容な対応を示しています。「国家は、他国へ自国民の国籍の得喪を告げる義務はない」としているのです（日本国は二重国籍を拒否しています）。

３　「国籍」身分証明書としてのパスポートの歴史

パスポートは、国籍所有者に対してその国家だけが発行（発給）できるものです。これが諸国の出入国に際して絶対的に必要になったのは、ヨーロッパでは二〇世紀の中頃（第二次世界大戦後）からのことです。ヨーロッパ各国ではそれ以前からパスポートを発行していましたが、二〇世紀初頭においても国境で身元検査が実施されていたかどうかは定かでなく、少なくとも出入国時のパスポート呈示は必要なかったようです。もともとパスポート（passport）とは、port（港）を pass（通過する）ための文書のことで、中世ヨーロッパが起源だとされています。port は「港」を意味すると同時に、ラテン語では「門（porta）」のことも意味していたようです。「通行手形」のようなものだったのでしょう。パスポート制度は近代国民国家が成立する一八世紀のヨーロッパで誕生したものですが、一九世紀半ばまでは国境管理を目的としたものではなく、国内で携帯・呈示するだけでよかったようです。国境管理としてのパスポート検査が普通に行われるようになったのは、世界大戦を背景に「国籍」が重要問題（スパイの入国防止、国民の国外逃亡防止、難民の入国規制など）となってからです。とはいえ、その当時も多くの国では比較的自由に国境移動がなされていたようです。

初期のパスポートは一枚の紙に記載されただけの（一回限りの）ものでした。現代のような手帳型のパスポートは、イギリス政府が市販の冊子（一般に利用されていた革製小物入れ商品のポケットに入っていた付属商品）の形状を真似て作ったものがその原型だそうです。現在、パスポートのレイアウト（仕様）が世界共通なのは、戦前の国際連盟によるパスポート国際会議（一九二〇年、於パリ）での決議や、戦後の国際連合の国際民間航空機関（ＩＣＡＯ、一九四七年発足）によるパスポートに関する標準ガイドライン文書に基づいているからです。

日本のパスポートの歴史については、外務省のホームページの「外交史料Ｑ＆Ａ（外交史料館に聞いてみよう！）」の中で次のように紹介されています[11]。

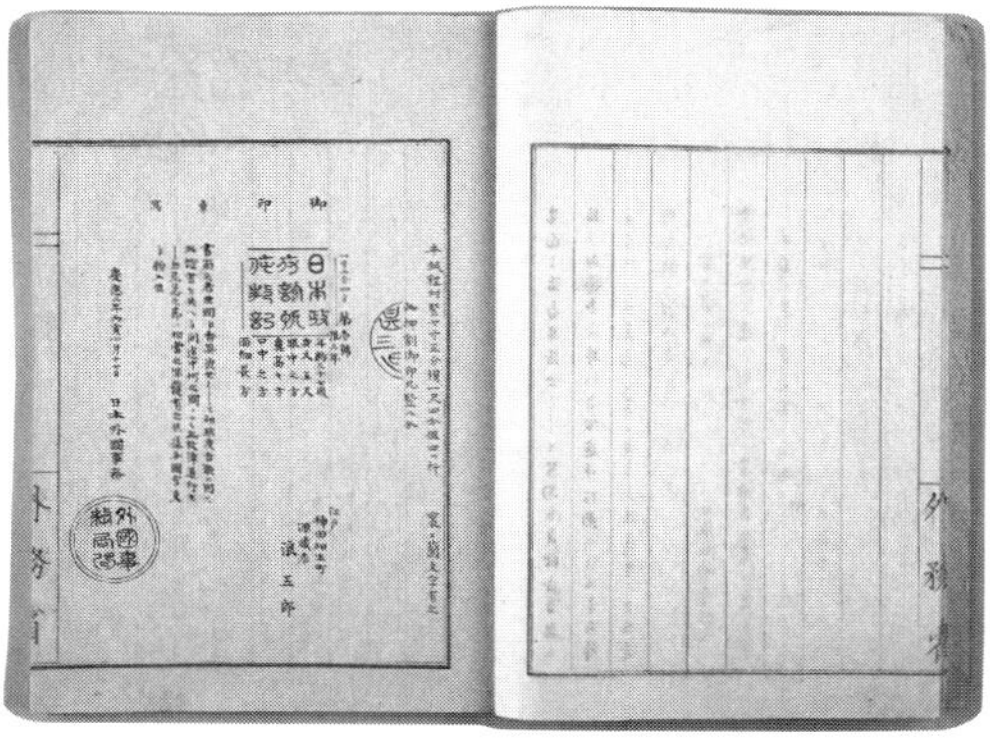

写真１　印章写（第１号旅券）。外務省外交史料館所蔵。

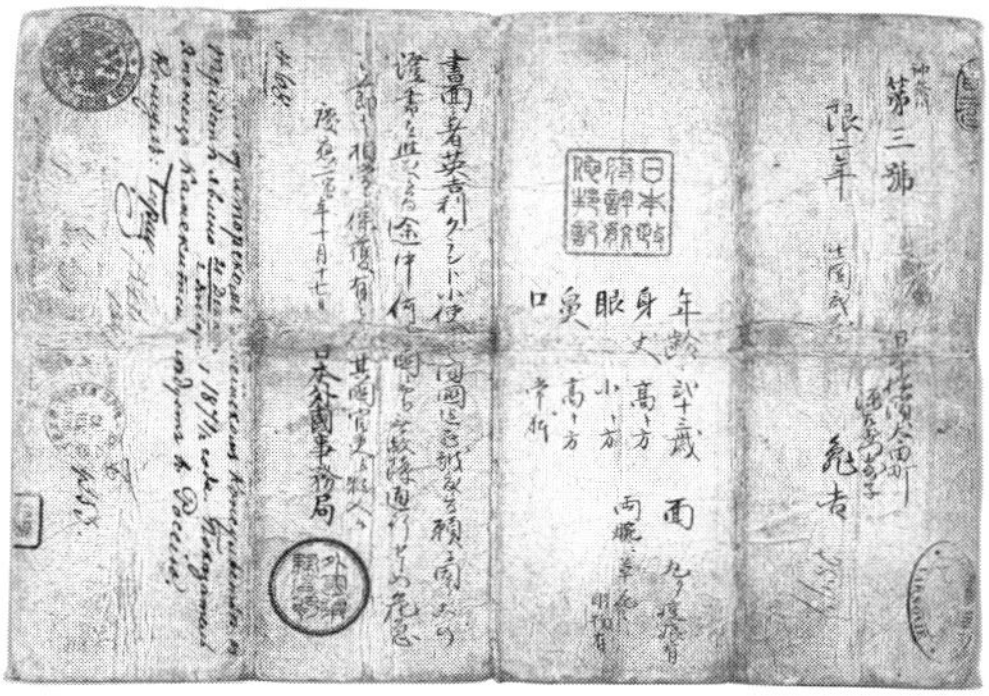

写真２　現存最古の日本の旅券（賞状型）。外務省外交史料館所蔵。

Q　日本の政府が発行した最初の旅券にはどのようなことが記載されていたのですか。

A　幕末から明治初期にかけて「旅券（パスポート）」に一定した呼び名はなく、印章、印鑑、旅切手、免状などの名称が使用されていました。「旅券」という正式な名称が決まるのは、明治一一年（一八七八年）のことです。実際の旅券（印章）第一号は、慶應二年一〇月一七日（一八六六年一一月二三日）付で江戸幕府の日本外国事務（外国奉行）が隅田《すみだ》川《がわ》浪五郎《なみごろう》に発給したものです。浪五郎は「日本帝国一座」という曲芸団を率いて、パリ万博を目指してまずは米国へと渡りました。外務省が編纂した幕末期の外交史料集『続通信全覧』には、浪五郎に発給された「印章写」が所収されています。そこには、年

表　日本のパスポートの歴史

パスポート（旅券）以前のパスポートの歴史

1866年11月23日（慶応２年10月17日）　日本初のパスポート「海外行御印章」発行。江戸幕府、日本外国事務（外国奉行）が渡航免状第１号を発給。免状申受者、神田相生町源蔵店、浪五郎（隅田川浪五郎）

明治元年（1868年）11月３日　明治政府が渡航免状「兵庫第１号」を発給。兵庫裁判所（行政機関）が下付。免状申受者、久留米藩士の山田穉養《いねやす》（正之助）。

明治２年（1869年）１月　明治政府が渡航免状「神奈川第１号」を発給。免状申受者、佐藤進（印旛県から印章引換の願出のあった堀田相模守医、佐藤尚中の養子）。

パスポート（旅券）の歴史

1878年（明治11年）２月20日　「海外旅券規則」の制定（法的「旅券」用語の登場）。1998年（平成10年）に、これを記念して２月20日を「旅券の日」と制定。

1900年（明治33年）６月４日　「外国旅券規則」の制定。当時、上等の旅客においては、旅券なしでも海外渡航ができた。

1917年（大正６年）１月20日　「外国旅券規則」の改正（パスポートへの写真貼付）。

1918年（大正７年）１月15日　日中相互の旅券免除。

1926年（大正15年）１月１日　手帳型パスポート（1920年のパスポート国際会議の決議に基づく）。「大日本帝國旅券」の刻字。

1951年（昭和26年）11月28日　「旅券法」の公布（法律による旅券の定義）。

1951年（昭和26年）12月１日　「一般旅券発給申請書等の様式に関する省令」の交付（「外国旅券規則」の廃止）。

1992年（平成４年）11月１日　機械読取り式旅券（MRP = Machine Readable Passport 旅券）の発給開始（国際基準）。

1995年（平成７年）11月１日　10年間有効の旅券も発行（未成年者は５年間有効の旅券のみ）。

2004年（平成16年）３月29日　岡山県で全国初の電子申請開始。

2006年（平成18年）３月20日　IC チップ内蔵型旅券の発給受付開始。

2006年（平成18年）９月30日　電子申請終了。

齢、身長（身丈）とともに「鼻高キ方」「面細長方」などの人相書が記載されているほか、「日本政府許航佗邦記」の角印が押されているのが見られます（写真1参照）。なお、幕末期において、「日本国民」であることを証明し海外での保護を要請するのに必要な政府発行の証書を制定する過程については『続通信全覧　類輯之部　船艦門』に関係記録が含まれています。

また、外務省外交資料館には現存最古の「印章」の現物が所蔵されています（賞状型／神奈川第三號　限二年　生国武蔵　日本横浜太田町　源左衛門寄子　亀吉／慶応二年一〇月一七日　神奈川奉行所からの発給）（写真2参照）。

その後明治政府は、旅券規則の整備に乗り出します。パスポート（旅券）を国民に発給することで自らの主権国家としての存在を内外にアピールし、国民国家で構成される国際社会の一員として、自らの地位の確立を目指していきます（表参照）。近代日本の「国民」は、ヨーロッパの諸国民国家を中心とする国際社会の中で自己証明していくことで、「国民国家」の「国民」であることを自ら確認してきたのです

4　パスポートなき地球市民社会に向けて

しかし、近年、「国民国家」のもとで私たちが当たりまえと思ってきた、「出入国管理」に基づく国際秩序・国際社会のあり方には大きな変化が生じています。現在、国民国家の「発祥の地」ヨーロッ

パを旅行すると、「パスポートを持っていなければ、世界のどの国にも入国できない」という外務省の説明とは、異なる現実に出合います。欧州連合（ＥＵ）加盟国（二八カ国）の大半では、域内移動におけるパスポートの呈示は必要なしとされているのです。たとえば日本からフランスに行くときには、パリのシャルル・ド・ゴール空港でこれまで通りの「入国審査」を受けますが、次にフランスからドイツやイタリアに入国するときには一切の入国手続きが不要なのです。いったい何が起こっているのでしょうか。

シェンゲン圏（The Schengen Area）という地域のことを聞いたことがありますか。[12] これはヨーロッパ域内での国境管理・国境検査・国境検問の廃止（人の移動の自由の保障）を目指した「シェンゲン協定」（第一次一九八五年、第二次一九九〇年、第三次二〇〇五年）に参加する国々の間で形成されている地域（国際社会）のことです。第一次の参加国は、フランス、（西）ドイツ、ベネルクス三国（ベルギー、オランダ、ルクセンブルク）の五カ国でした。このときは、近代国家の常識である「国家主権による国境管理」を主張したイギリス（保守党政権）の反対によって、欧州共同体（ＥＣ）の枠外での調印となりました。しかし、第二次協定までの間に、ＥＣに加盟するイタリア、スペイン、ポルトガルも参加することになりました。また、一九九三年のマーストリヒト条約によりＥＵが成立すると、シェンゲン協定はアムステルダム条約（改正ＥＵ基本条約、一九九七年署名）に基づいて一九九九年にはＥＵの枠組み（アキ・コミュノテール）[13] に組み入れられることになりました。二〇一四年現在、ＥＵ加盟国のうち二二カ国と欧州自由貿易協定（ＥＦＴＡ）加盟国のうち四カ国の合計二六カ国[14]が「シェンゲン圏」を形成しています。この二六カ国のシェンゲン圏では、国境管理・出入国審査・

パスポート検査が廃止されているのです。

ＥＵ創設の基本目的の一つは、一九五八年発足の欧州経済共同体（ＥＣＣ）以来の目標である「域内国境のない、単一統合市場の形成による、ヨーロッパ経済の活性化」にあったとされています。モノ・資本・サービスを含むヒト（労働者だけでなく市民も）の「移動の自由の保障」は、もともとそのために目指されてきたのです。しかしＥＵ創設の目的は、単にこうした「経済統合」だけにあったわけではありません。ＥＵは、その基礎となったＥＣ（欧州石炭鉄鋼共同体・欧州経済共同体・欧州原子力共同体を統合したもの）による「経済統合」の深化・拡大を第一の柱としながら、同時に「共通外交・安全保障政策」および「司法・内政分野に関する協力」（後の「刑事に関する警察・司法協力」）といった別の二つの柱を基礎とする、政府間協力としての「政治統合」をも目指して立ち上げられたのです。これらは「ＥＵの三本柱構造」と呼ばれたものですが、国際社会におけるＥＵ創設の最大の特徴は、その第一の柱、すなわちＥＣの超国家性（脱国民国家であること）にあったと言えるでしょう。ＥＣを構成した三つの共同体はいずれも国際法人格を有し、ＥＣ加盟国から独立に行動してきました。それによって加盟各国はさまざまな政策分野でＥＣに国家主権の権限を委譲してきました。こうしたＥＣの特徴を引き継ぐＥＵと通常の国際機関との最大の違いはこの点にあります。一方、第二、第三の柱は、あくまで加盟各国による政府間協力という点で、従来の国際機関制度の枠内（国民国家間の協力）に位置づけられるものです（ただし、その後のアムステルダム条約による修正によって、「難民・移民問題と民事紛争に関する司法協力」については、第三の柱＝政府間協力から第一の柱＝超国家間主義へと移されています）。

EUの改革条約として発効された二〇〇九年のリスボン条約により、この三本柱構造は解消され、EUは「自由、安全および正義の空間政策」（超国家組織）と「共通外交・安全保障政策」（政府間協力）からなる新たな二本柱体制となります。そしてECの廃止によって、その権限と責務がEUに委譲され、ECが持っていた国際法人格はEUに承継されることになります。EUは加盟国から独立した超国家組織として、国際条約の締結や別の国際機関への加盟が可能になったわけです。逆に言えば、EU加盟国はEUにさまざまな政策分野・案件に関する権限を委譲することになったのです。

このように見てくると、現在のヨーロッパの国際秩序・国際社会は、「超国家主義」と「政府間主義」という二つの原則間の葛藤によって成り立っていることがわかります。また、この状況を世界的な視野で見るならば、「主権国家」間で成り立ってきたこれまでの国際秩序・国際社会（政府間主義）に加え、「主権国家」の権限を委譲した国々で構成される「国際機関」（EU）と他の「主権国家」との関係で構成される国際秩序・国際社会（超国家主義＋政府間主義）が新たに出現しはじめていることに気づきます（日本でEUの存在価値が理解されないポイントはここにあるかもしれません）。

先述のように、アムステルダム条約によりシェンゲン協定はEUの法的枠組みに組み入れられました。シェンゲン協定の条項には現在、EUの第三の柱（「司法・内政分野に関する協力」）の対象であった「移民・庇護政策、国境検査や麻薬取引などの重大犯罪対策の調整」の中の「第三国の国民、移民、庇護申請者に関する規定」も盛り込まれています。また、「査証、亡命、移民およびその他の個人の自由な移動に関する政策」も加わり、これらの条項はその後のリスボン条約によって「自由、安全および正義の空間政策」の中の「国境検査、亡命、移民に関する政策」「司法協力」「警察協力」の条項に引き継がれています。

このようにシェンゲン協定の内容やシェンゲン協定への参加要件は、現在では超国家組織であるEUの立法機関のもとで制定され、加盟国の批准はいっさい必要なしとされているのです。

かくしてパスポートに関わる歴史と現在を見てくると、パスポート検査、出入国管理、国境管理のあり方の変化には、ヨーロッパを中心とする国際秩序・国際社会のあり方の変化が大きく関わっていたことがわかってきました。今や私たちの国際社会は、出入国の際にはどこでもパスポート呈示が必要な、「国民国家」間だけで成り立つ社会ではありません。EUモデルが示しているように、超国家機関と諸国民国家との間で構成される新たな国際社会も出現しはじめているのです。

ではみなさんは、このような変化の中で、これからの国際社会をどのようにイメージするでしょうか。紛争の絶えない閉じられた国際社会から、それを乗り超える開かれた国際社会へ――私たちの国際学の「学び」は、「国民国家」間の枠を超え、世界の人々が自由に行き来できるパスポートなしの国際社会を共に構想していくところにあるのです。なぜそれが求められなければならないのか、それを築くにはどのような理念と実践が共有されなければならないのか、本書各章で展開された議論を振り返りながら、一人ひとりが世界の人々とつながり合える地球市民社会としての国際社会を目指し、一緒に考えていきましょう。

（椎野信雄）

注

（1） http://www.immi-moj.go.jp/index.html（二〇一五年一月一一日閲覧、以下同）

（2） http://www.moj.go.jp/content/000113784.pdf

（3） http://www.immi-moj.go.jp/tetuduki/kanri/nihonzin.html

（4） http://www.immi-moj.go.jp/tetuduki/kanri/nyukoku_flow.html

（5） http://www.immi-moj.go.jp/tetuduki/kanri/kikoku.html

（6） http://www.mofa.go.jp/mofaj/toko/passport/index.html

（7） http://www.mofa.go.jp/mofaj/toko/passport/pass_1.html

（8） 厳密には「旅券」とパスポートは異なるものです。入管法第二条五号における「旅券」の定義では、日本国政府の発行した旅券（これがいわゆる「パスポート」です）のほかに、日本国政府の承認した外国政府の発行した旅券、国際機関の発行した旅券、旅券に代わる証明書（難民旅行証明書や日本国領事館等の発行した渡航証明書など）も含めて「旅券」とされています。「旅券」の中の一カテゴリーがパスポートなのです。

（9） http://www.mofa.go.jp/mofaj/toko/passport/pass_4.html#q6

（10） http://www.moj.go.jp/MINJI/koseki.html

（11） http://www.mofa.go.jp/mofaj/annai/honsho/shiryo/qa/sonota.html

（12） シェンゲンは、ルクセンブルクの小村名で、シェンゲン協定文書が署名された所です。

（13） アキ・コミュノテール（acquis communautaire）とは、ＥＵにおける法の総体系のことです。acquis は「蓄積されたもの」（ＥＵで積み重ねられてきた法規範［既得物］のこと）、communautaire は「共同体の」、という意味のフランス語です。

（14） 二〇一四年現在のシェンゲン協定加盟国は次の通りです（太字はＥＵ非加盟国でかつＥＦＴＡ加盟国）。

アイスランド、イタリア、エストニア、オーストリア、オランダ、ギリシャ、**スイス**、スウェーデン、スペイン、スロバキア、スロベニア、チェコ、デンマーク、ドイツ、**ノルウェー**、ハンガリー、フィンランド、フランス、ベルギー、ポーランド、ポルトガル、マルタ、ラトビア、リトアニア、ルクセンブルク、**リヒテンシュタイン**。また、キプロス、ブルガリア、ルーマニア、クロアチアなど今後加盟が予定されている国、あるいはモナコ（フランスの保護国）、バチカン、サンマリノなど非加盟国でも実質的にシェンゲン圏に組み入れられている国々もあります。

参考文献

ジョン・トーピー『パスポートの発明――監視・シティズンシップ・国家』（藤川隆男監訳、法政大学出版局、二〇〇八）
春田哲吉『新版　パスポートとビザの知識』（有斐閣選書、一九八九、一九九四）
大鹿武『幕末・明治のホテルと旅券』（築地書館、一九八七）

おわりに

これまで10章をかけて、みなさんに、私たちの国際学の「学び」の知の旅を語りかけてきました。ヒト・モノ・カネ・情報が国境を越えて移動するグローバリゼーションの時代において、あらためて「国際学」とは何か、「学び」とは何かを問い直してみました。その根底には、未来のありうべき「国際社会」とはどのようなものか、という問いも含まれていました。今日の華やかなイメージの国際社会だけでなく、暴力と不公正のはびこる国際社会についてもしっかりとしたイメージを持ち、主権国家・国民国家を構成単位とするこれまでの国際社会のあり方までをも問う柔軟な思考感覚を身につけることが、中心課題でした。そして国家と国家の関係だけを問題としてきた従来の「国際学という学問」と「私たちの国際学の『学び』」との差異を見出すことの意義を考えてきました。

本書の目的は、そのような「問い直し」を通して「学び」の意味を発見していくことにありました。また、この「学び」の意義は、いわゆる学校型の勉強（教科に分断された、正解のある問題を習得する学び）を反復するのではなく、自分の人生観や世界観と関わる「生きた問い」とも「命のある問い」とも言える問いのあり方について（一つの「正解」を求めるのではなしに）考察し続ける姿勢を養うところにありました。それは、一人ひとりが独自に身につける学びであると同時に、自分一人のためだけでなく、他者に開かれた学びであり、他者との交流を通して達成される学びです。そして、世界の人々と共に生きるための学びであり、ありふれた普段の暮らしとも決して切り離してはならない学びです。さらには、地球の未来の人々と共に生きるための学びであり、未来が存立するための実践知に関わる学びです。

この本のタイトルは当初『国際学のＡＢＣ』と考えていました。一〇〇年前の社会主義革命における革命の「夢」を、当時の若い人たちにわかりやすく語りかけるために書かれたパンフレット（「共産主義のＡＢＣ」）がありました。これを念頭に置いたタイトルでしたが、もちろんそれは、革命思想の中身をではなく、「若者に語りかける」そのスタイルを踏襲したかったからです。世代間ギャップを越えて一つの課題に立ち向かっていくためには、まずは若い人たちにメッセージを伝えるこちら側の姿勢が問われます。その大切さをこのパンフレットは再確認させてくれます。本書では「正しいか（正解か）、正しくないか（不正解か）」の知識を問題とするのではなく、その回答を導き出す基となるＡＢＣ、つまり、すでに当たりまえのこととして大前提に置いてしまっている考え方それ自体を問い直し、そのプロセスを「人々と共に生きるための学び」のプロセスに転化していくことの大切さを、みなさんと共に考えてゆきたいと思いました。この踏襲がうまく実現できたかどうかは心許ないのですが、この本を結ぶにあたって、あらためてそうした観点を念頭に置きつつ、各章の「語りかけ」の概要をみなさんと振り返っておきたいと思います。

はじめに　私たちの国際学の「学び」への誘いに乗ることは、思ったより難しいことなのかもしれません。このことを「はじめに」の第4節で触れた「私とあなたの関係」の三つのプロセス（Ⅰ〜Ⅲ）に引き寄せて確かめてみます。若いみなさんは意外に思うかもしれませんが、私たちの現実社会は、実のところ、「私の世界」と「あなたの世界」でできていながら、両者の関係はまだまだ「疎遠な世界」（第Ⅰ段階）にあるようです。しかも、この現実を認識できている人は意外に少ないとも言えそうです。私たちの多くは、何となく始めから第Ⅱ段階の世界、つまり「関わり・交わり・つながり」の世界の中で生きていると思っています。しかし、よく見れば、私たちの実際の日常は、たとえば男女の社会的な関係一つ取ってみても、両者の間には相互の交流も、意見の交換も、ましてやそれによる対立も協調もない第Ⅰ段階の世界のままである状態のほうが圧倒的に多いことに気づくでしょう。「関係の始まり」や「新しい物の見方への気づき」といった第Ⅱ段階の関係を築けたとしても、さらに一歩進め、「私たちの世界」と呼べるに相応しい新しいまとまり（一つの共同体）を形成している人たち、そこまでいかなくても、「従来までとは異なる新しい共通の物の見方、考え方」や「自他の区別を超えた仲間としての意識の芽生え」を共有している人たち、すなわち第Ⅲ段階へと到達している人たちは極めて少ないのが現実です。かくして第Ⅲ段階の世界に進んでいくことは非常に困難だと思われがちなのですが、しかし決して不可能なことではありません。開かれた思考と柔軟な行動——これが、このような生き生きとした第Ⅲ段階の世界（地球市民社会）へと向かっていくための鍵です。私たちの国際学の「学び」はそうした思考と行動を身につけていくためのものなのです。

第1章　日本人は、「人生は旅である」といったメタファーや人生（＝旅）論、世界観が大好きです。

徳川家康いわく「人の一生は重荷を負ひて遠き道をゆくが如し」（「人生訓」慶長八年正月一五日）、松尾芭蕉いわく「月日は百代の過客にして、行き交う年もまた旅人なり」（「奥の細道」）、若山牧水いわく「私は常に思っている。人生は旅である。我等は忽然として無窮より生まれ、忽然として無窮のおくに往ってしまう」（第二歌集「独り歌へる」）、吉川英治いわく「この人生は旅である。その旅は片道切符の旅である。往きはあるが帰りはない」（『人生のパスポート』）。諺にも「旅は道連れ、世は情け」「旅は情け、人は心」「旅は心、世は情け」「かわいい子には旅をさせろ」など、みなさんにもなじみの深いフレーズがたくさんあります。

三木清は『人生論ノート』の中で、次のように語っています。「人生は旅、とはよくいわれることである。芭蕉の奥の細道の有名な句を引くまでもなく、これは誰にも一再ならず迫ってくる実感であろう。人生について我々が抱く感情は、我々が旅において持つ感情と相通ずるものがある。それは何故であろうか。何処から何処へ、ということは、人生の根本問題である。我々は何処から来たのであるか、そして何処へ行くのであるか。これがつねに人生の根本的な謎である」。

旅とは、当たりまえの「日常」を抜け出し、「非日常」を求める行為なのでしょう。現代の私たちの日常生活は、時間に追われ、試験に追われ、仕事に追われて、自分自身をも見失いそうなくらい身も心もがんじがらめになっていて、旅にでも出なければ「自分の感性」も「自分なりのものの見方」も取り戻せないかのような状態にあるかもしれません。日常において、自分自身を確かめることも問うこともできなくなっているとしたら、それはなんと恐ろしい日常でしょうか。

自分自身を問わない恐ろしさと、自分自身を問う恐ろしさ、みなさんはどちらがより恐ろしいことだと感じますか。第1章では、自分自身を問い、旅先での経験を日常の中に柔軟に取り込むことの意義が語られました。旅の経験は自分自身を変え、自分自身の世界観を広げる大きなきっかけを私たちに与えてくれるものです。

実際、「旅とは『私は変わりたい』『私を変えたい』という、人間の欲求の現れ」（第3節）なのかもしれません。いわば〝変身願望〟です。では、この〝変身願望〟はどのようにすれば叶えられるものなのでしょうか。第3節では「旅先の視点を持つこと」の大切さが語られました。そして、旅先に行けばただそれだけで「旅先の視点」が得られるわけではないことを、著者が体験した「太平洋の視点」を事例に紹介しました。著者の場合は、現地のミュージアム（博物館）がその視点を得るのに大きな助けとなりました。ミュージアムが〝変身〟のきっかけを与えてくれたのです。〝変身〟は日本に対するこれまでの著者のものの見方をも変えてくれました。「自分自身を問い」「自分の感性を取り戻す」ことになったこの変化が、〝変身〟だったのです。

〝変身〟の過程は一つの「学び」であるとも言えるでしょう。私たちの国際学の「学び」においても、既知の情報や環境の中に身を置くだけでなく、未知の世界へと一歩踏み出し、自身の内なる世界へと分け入る一種の往還運動が求められているのです。

第2章　現在、国境を越えて旅や観光を楽しむ余裕のある人は、ごく一部の国の豊かな人々に限られています。「国民所得」を物差しとして、世界には豊かな国と貧しい国があります。また、こうした貧富の格差は国家間だけでなく、（先進国であれ途上国であれ）それぞれの国内間にも存在しています。

現在のような国家間での大きな所得格差（経済格差）は、一五世紀くらいまでの世界には見られなかった現象と言われます。ヨーロッパ諸国が「先進国」として「豊か」になったのは産業革命による生産技術の飛躍的な進歩が理由ですが、それでも一九世紀初頭までは、まだヨーロッパ以外の国々との所得格差はそれほど激しいものではなかったようです。

ヨーロッパの産業革命の特色は、生産技術の進歩を支えた化石燃料によるエネルギー革命にありました。国家間の所得格差は、このエネルギー革命によって生じたエネルギー消費量の国家間格差に比例する形で増大していったのです。格差は、途上国が「第三世界」と呼ばれていた二〇世紀に激しさを増します。その後半、一九九〇年代には、東西冷戦構造の崩壊と経済のグローバル化の中で、「第三世界」として一括りにされてきた途上国が二極化していきます。新興工業諸国（ＮＩＥｓやＢＲＩＣＳなど）の台頭と、経済競争から取り残された「第四世界」と呼ばれる最貧国の出現です。

二〇世紀の世界は、エネルギー革命の世界化によって、人口・食糧・貧困問題を解決したかのように装いながら経済主義を進めてきました。しかし、それを支える化石燃料も二一世紀中には枯渇すると言われます。格差がいっそう広がるこの世界の中で、国内間・国家間の所得格差、貧困、不公正の問題はこれまでの経済中心のやり方では解消するどころか拡散する一方です。これらの問題は、世界中で頻発している地域紛争やテロリズムの主要因とも見なされています。このままでは「持続可能な地球社会は実現不可能である」という未来像しか描けません。

私たちの国際学の「学び」は、それとは異なるもう一つの未来像を描いていくところにあります。

「国家を離れた自由な地球市民がグローバルな視点から方策を考え、政策提言をすること」（第２節）――これが二一世紀以降の国際社会には何よりも求められています。市民によるこうした地道な努力を怠るならば、世界はいつまで経っても食糧安全保障、エネルギー安全保障、環境安全保障といった「人間の安全保障」を脅かす構造的・直接的暴力に曝されたままとなるでしょう。

第３章　この現実の中で、私たちには何ができるのでしょうか。第３章では「（地球）環境問題」を例に考えてみました。環境問題は、前章の課題に直結する世界的な問題として一九七〇年代に浮上し、今現在も国際的な最優先課題の一つとして緊急対応が迫られている重大な問題です。私たちは、どのようにこの問題と向き合い、解決の道を探っていかなければならないのでしょうか。少なくとも私たちには、この問題を「誰かの問題」としてではなく、私たちの生活のあり方に関わる「私たち自身の問題」として捉える想像力が求められています。

この章ではまず、「環境」という言葉は「周囲の状況」を指し示す、あらゆるものを含む概念であること、そして、「環境問題」という言葉はそれゆえに、あいまいさを含む多義的なものであることが確認されました。そのうえで、環境問題の検討には、問題を作り出している多様な側面を互いに出し合いながら解決手法を模索し、何をもって「解決」と考えるかについても、多面的に捉えることが必要だと説かれました。また、環境問題というのは、解決に長い年月がかかり、今ここで「結果」を証明することができないケースも少なくないことから、どうしたら多くの人がその目に見えない「結果」に向かって、「協力行動」に参加できるかについても検討が必要だと述べられました。一歩ずつ

「解決」への道を切り開いていくには、まずは環境問題の「性質」と「解決手法のあり方」について、認識を共有していくことが重要だと言えそうです。

さらに解決への「合意」や「協力」を図るためには、NPOなどの専門組織によるていねいな情報提供がなされ、繰り返しの説明があり、信頼できる情報に従って意見が交わされるという、「話し合い」と「共感」の場が大切になってくることも、日本や東南アジアで取り組まれているいくつかの活動事例の紹介を通して明らかにされました。私たちの国際学の「学び」のここでの課題は、こうした「環境協力行動」の意義を明らかにし、「協力行動」へと振り向ける方法を検討していくところにあると言えそうです。

第4章　私たちには何ができるのか――これをさらに「国際観光」を例に考えてみたのが第4章です。ここではとくに、産業としての国際観光が持つ華やかなイメージと、そこに隠れた「影」の部分との関係を捉えてみました。今や世界の労働人口の一人に一人が観光関連の仕事に従事していると言われます。こうした状況のもとで、「観光」分野は直接的にも間接的にも巨大な経済効果を生み出す一大産業として発展してきました。先進国でも途上国でも非常に重視され、日本政府は「観光立国」を謳っているほどです。

しかし、マスツーリズムや消費文化の浸透によって、生態系や自然環境のみならず、地域社会をも著しく破壊してきた（いる）現実を見過ごすわけにはいきません。観光産業は国内間・国家間の所得格差を広げながら、そこに住む人々の伝統的な生活スタイル、人間関係、アイデンティティの喪失をも招いてきたのです。「人が旅することをやめない限り、この世から観光産業がなくなることはない」（第3節）とこの章では述べられました。では、こうした「影」の問題に対拠していくには、どのような考え方が求められてくるのでしょうか。

そもそも個々の観光産業は潜在的なリスクを伴った「弱い」産業とも呼ばれています。地域社会の経済的基盤が観光産業に大きく依存しているというケース、景気変動などの外部要因によって観光地が経営破綻するというケースはよくある現象です。「自然環境の保全、観光ビジネス、地域社会の持続は三つ巴の関係にあります」（第4節）と語られたように、現在、これらの三つを相互に支え合っていくための方法が模索されています。その一つの解法として今日取り上げられているのが「エコツーリズム」や「持続可能な観光」の概念です。

とくにこの章では「コミュニティ・ベースド・ツーリズム」という考え方に光が当てられました。これは、地域の住民たちが自分たちの手で観光プログラムを作り、ホスト役となって観光客を受け入れ、地域の経済を支えるという、いわば「地域の、地域による、地域のための観光産業モデル」です。住民自身が観光開発の中心的な担い手となり、その利益を自分たちの地域社会全体に還元していく「地域主導型観光」として注目されています。もちろん、こうした自律的な発展を目指す新たな取り組みには、「ホスト役といっても住民はビジネスの素人にすぎないのではないか」「地域社会の生活・文化や自然環境への負の影響に、住民は本当に対処できるのか」といった消極的な意見も付きものです。まだまだ課題山積ですが、私たちの国際学の「学び」にとってここで重要なのは、まずは私たち自身が国際観光の現場（国内であれ国外であれ）を直接訪れ、こうした現実を知り、考えを深めることではないでしょうか。

この章を通じて私たちは、国際観光の現場においても、世界の人々が「人対人」を原則にして向き合い、相互理解の体験の場面を積み重ねていくことの大切さを知りました。たしかに「国際観光の振興がそのまま世界平和に直結するわけではありません」（第4節）が、「『相手を理解しようとする努力』を惜しまない人が増えていくことは、平和な世界への礎となる」（同上）というのも真実であり、その点で、国際観光の仕組みが「私たちと世界が結びついていく望み」（同上）となることは間違いありません。

第5章　これまでの国際学が扱ってこなかった現象は「国際観光」以外にもいくつかあります。「多国籍企業」もその一つです。「企業」は近代における資本主義の発達とともに経済活動の中心的役割を担ってきました。グローバル化時代の今日、それは先進国中心の「多国籍企業」として強大な力を持つに至り、利潤の最大化を目指して国境を越えた活発な経済活動を展開しています。その現状と課題を今一度整理してみましょう。

二〇一〇年現在、「親会社と外国の関連会社で構成される企業」（多国籍企業）の数は世界全体で一〇万社を超え、今やこれらの企業間だけで世界貿易の半分を占めると言われています。世界の総資産の二五％が、たった三〇〇社の多国籍企業によって占められており、なかには一国の国家予算やＧＤＰに比肩するだけの規模を持つ多国籍企業も少なくありません。今日の世界経済は巨大な多国籍企業によって主導されているのです。

多国籍企業は主に途上国に生産拠点を置いています。多国籍化の理由としては、途上国の労働力を使っての生産コストの低減、海外（とくに新興国）の顧客の獲得、天然資源の確保などが挙げられます。ＩＴ化の進展もこれらの動きに拍車をかけています。先進国政府はこれによって自国内の賃金、雇用、税収の増大を図ろうとしています。また、途上国政府にも、雇用、技術移転、知識流入などを活発化させるという面で、メリットをもたらしているとされています。しかし、多国籍企業の活動は、途上国の生産者、労働者、生活者に対してしばしば問題を引き起こしています。商品の買い叩き、低賃金化、児童労働、公害輸出、政治癒着、汚職などです。それらが地域コミュニティの破壊にまで及んでいることもあります。多国籍企業の活動をより公正なものへと変革していくことが求められているのです。

近年、「企業の社会的責任」（ＣＳＲ）という規範的な議論が重視されるようになってきました。ＣＳＲの取り組みパターンは大きく分けて二つあります。不公正、非倫理的な企業行動を抑止するための消極的ＣＳＲと、社会的課題の解決に企業自らが進んで参加できるようにするための積極的ＣＳＲです。消極的ＣＳＲが求められる理由は、スウェットショップ（労働搾取工場）の問題など、人権侵害に関わる事例が途上国の現場では後を絶たないからです。国際機関やＮＧＯは、強制力はないものの、多国籍企業が従うべき行動指針や規範を個別に作成してきました。国際労働機関（ＩＬＯ）が作成した「ＩＬＯ新宣言」（一九九八年）は、企業経営者・労働者・政府の代表による三者合意をもとに行動指針を定めたものです。また、国連が作成した「人権に関する多国籍企業及びその他の企業の責任についての規範」（二〇〇三年）は、人権を広く尊重すべきことを定めたものです。そして米国のNGOであるSAIが作成した「SA8000」は、主に労働条件についての指針を定めたものとして有名です。

一方、積極的なCSRとして今最も注目されているのが、BOPビジネスです。BOP（Base of the Pyramid＝所得階層の底辺）とは年収三〇万円未満の低所得者層（貧困層）を指し、世界人口の半数以上に当たる推定四〇億の人々がこの層に入ると言われています。BOPビジネスは、こうした人々に対して市場経済活動に自由に参加できる仕組みを提供することで、貧困層の生活水準の向上に貢献しようとするものです。貧困層の人々が本当に必要としている商品を、購買可能な価格で販売することを理想としています。貧困層の人々がどんな商品を必要としているのかを一番よく知っているのは、貧困層の人々自身です。ですから、BOPビジネスでは貧困層の人々自身が最も有能な経営者、販売員として位置づけられます。これまで「援助の対象」だった人々が「ビジネスパートナー」として参画するところに、このBOPビジネスの新しさがあります。

とはいえ、経営を成り立たせるのは容易なことではありません。強引な販売につながりかねないこと、極貧層の人々の参加は依然として困難なことなど、さまざまな批判があるのも事実です。しかしながら、BOPビジネスには、非営利活動としての援助プロジェクトと組み合わせて、多国籍企業の営利活動を貧困削減に役立てるという可能性が秘められています。今や企業は、国際機関、政府機関、NGOとの協力のみならず、何よりもそこに住む地域の人々との協働によって、社会的にも十分な責任を果たしていかなければならない立場にあるのです。私たちの国際学の「学び」では、こうしたCSRの取り組みを視野に入れ、多国籍企業の経済活動のあり方についても議論を深めていく必要があります。

第6章　すでに見てきたように、グローバル化のもとで次々と浮き彫りにされてきたのが「地域社会」の問題です。東南アジア諸国では、経済のグローバル化が経済成長を促し、それに伴う都市化現象とともに中間層が増え、貧困率も相対的なレベルでは低下していきました。しかしその分、人々の経済格差（貧富の差）のほうはますます拡大していきました。貧困は農村から都市へ、都市から海外へと人口を流出させ、地域社会（コミュニティ）の破壊を加速させていきました。

第6章の前半では、フィリピンの事例を中心に、こうした状況を許す背景とそれを乗り超えようとする現地の住民たちの取り組みが報告されました。豊かな土地と資源を求めてやって来た先進国企業の影響下で生じている開発－貧困－人口流出－地域破壊－都市化－格差という負の連鎖は、どうすれば断ち切れるのでしょうか。前章で議論したCSRとは別に、この章では、地元の人々のエンパワーメント（力をつけること）の視点から、地元のNGO、銀行、組合等が支援するマイクロクレジットやマイクロファイナンスの取り組みが紹介されました。

貧困ゆえに通常の市中銀行からは融資を受けられない人々、とくに女性たちに対してグループ単位で小額融資を行ったり、貯蓄制度の利用を勧めたりするこのプロジェクトは、貧しい人々が小さいながらも自分たちの手で事業を起こし、生計を立てていくための取り組みとして知られるものです。また、経済的自立や生活の質の向上を目指すだけでなく、自らの尊厳を守り、自信と信頼に基づく連帯心を住民間で醸成し合い、地域全体を住みよい場所に変えていこうという社会・文化的な側面を重視する取り組みとしても注目されているものです。課題を抱えながらも、今ではアジアを中心とした農村隔資・開発プロジェクトとして広く採用されています。

「先進国」日本でも、同様の都市化現象のもとで、地域社会の経済の仕組みが大きく変化し、貧富の格差が露わになっています。大きな産業を持たない地方の自治体は、少子化・高齢化による人口減少と過疎化に直面しています。日本の農山漁村地域の過疎化は戦後の高度経済成長期（一九五〇年代後半～一九七〇年代前半）から始まりました。これによって、生業、言語、祭りなど、コミュニティ（地域共同体）の人々を精神的につないできた地域独自の文化・伝統も次々と衰退していきました。今では、古くからのコミュニティのみならず、自治体としての村や町でさえ消滅し、あるいは消滅の危機にあるというのが現実です。格差構造の影響は自治体単位にまで作用しているのです。

この章の後半では、こうした現象をまちぐるみで乗り超えていくための一つのヒントとして、徳島県上勝町の事例が紹介されました。この山間の町は、高い高齢化率を逆手に取った「葉っぱビジネス」によって地域の人々に大きな希望をもたらしました。これまで気にもとめなかった「あふれるほどの役に立たない木々」から若芽や葉を切り出し、「つまもの用」として売るというだけの一見シンプルな事業ですが、これに地元の〝おばあちゃん〟たちが参画し、この事業をまちの一大産業に育て上げたのです。これをベースに、今も上勝町の住民たちはさまざまなアイデアを出し合って生き生きとしたまちづくりを進めています。

この章では、ローカルなコミュニティ（地域社会）の挑戦がグローバルな世界を変えていく可能性について示唆されました。地球規模の課題に相通じる課題を地域社会の中に発見し、足元から行動を起こしていこうという発想です（地球規模で考え、地域で活動する）。「グローカリゼーション」というこの新しい発想のもとで個々の地域づくりが地道に進められていけば、「地域社会」そのもののあり方もグローバルに変わっていくはずだというわけです。私たちの国際学の「学び」は、まずは身近な自分たちの地域の課題に目を向け、「『私』や『私たち』にできることは何か」と問うところから始まるものでもあるのです。

第7章　しかし私たち日本人は、そもそも自分たちの「足元」のことをどれくらい知っているのでしょうか。第7章では、日本や日本の地域社会の内にある多文化的要素と、「私」の中にある異文化的要素を明らかにしながら、私たちが見逃しがちな歴史的・文化的視点に基づく地域社会の実像について考えてみました。

日本は単一民族・単一文化によって構成されている国だと一般には考えられがちですが、「均質性の高い日本社会」というこうした社会観は、学校教育を起点とした「国民教育」の結果として作られたものにすぎません。日本の地域社会が培ってきた個々の歴史や文化を見ていけば、それぞれの地域社会は均質でない多様な人々によって作り上げられてきたという現実が浮かび上がってきます。この章ではまず、日本各地に今も生きづく食文化の地域差を考えることでそのことを確認しました（第2節）。

日本の外からやって来た人たちが各地に形成しているエスニック・タウンの存在も、日本の多文化的状況をはっきりと示すものです。第3節では中華街（チャイナ・タウン）の起源とその形成過程を通じてそのことが確認されました。また、近代日本国家の植民地政策の結果として生まれた在日韓国・朝鮮人＝コリアンの集住地区について触れることで、日本の多文化性のもう一つの歴史的側面が指し示されました。

今日の在日外国人の増加傾向は一九九〇年の入管法改定以降に始まります。二〇一二年時点での在日外国人登録者数は約二〇四万人、上位順では中国、韓国・朝鮮、フィリピン、ブラジル、ベトナム、米国、ペルー、タイとなっています。現代の日本社会には、異なる文化や価値観を持つ多様な国の人々が「隣人」として数多く生活しているのです。しかし、「均質性の高い日本社会」では、外国人を観光客としては大歓迎するが「隣人」としては望ましくないと見る傾向がまだまだ強いようです。これは、「異なる文化を持つ人々と生活空間を共有するための心構えが多くの日本人にはまだ身についていない」（第3節）ことを表しているものです。

第4節では、「均質性の高い日本社会」というイメージから生じるこうした多文化性への不寛容を、いかにすれば取り除けるかが検討されました。自分（の歴史）を振り返り、そこから自分の地域（の歴史）と向き合ってみること。そして地域（の歴史）から見えてくる多文化性の中に自分というものをあらためて置き直してみること。「私」の中の異文化性に気づく瞬間です。これを実践する一つの方法として私たちの国際学の「学び」で提案するのが、「地域博物館」の活用です。これは第1章での「旅」の学びにも通じるものです。しかもこの第7章では、「博物館展示とは、ある現実を見せる仕組みであると同時に、ある現実を見せない（隠す）仕組みでもある」（第4節）といった注意も促されました。学校教育と同様に、博物館もまた、「均質性の高い日本社会」のイメージを作り出す一つの装置になりうることを、私たちは知っておく必要がありそうです。

日本社会にはすで多くの異文化が入り込んでいて、私たちの日常世界はあらゆるレベルで、多文化性に富んだ要素に満ちあふれている――このことが明らかにされたうえで、この章では最後に次のような問いが出されました。「では〔…〕『私』の生活が多文化・多民族・多言語的要素によって成り立っていることは『日本人』としてのアイデンティティの妨げになるのでしょうか」（第6節）。そして、この問いに答えるためのヒントとして、「『私』の内面と向き合うと同時に、他者の眼に映る『私』を知ること」（同上）の重要性が強調されました。自分の中に潜む異文化を受け入れられるようになれば、現実の社会に存在するさまざまな異文化に対しても、自分のこととして、より広い心で、受け入れていくことができるようになるでしょう。

第8章　異文化理解のためには「コミュニケーション」が大切だと言われますが、そもそも「コミュニケーション」とは何なのか、これについてもこれまでの国際学ではあまり取り上げられてきませんでした。コミュニケーションとはあくまでことばを中心にした伝達手段、という一般論としてのコミュニケーション観を前提にしてきたからでしょう。そこで第8章では、「言語」コミュニケーションと「非言語」コミュニケーションとの関係性の重要さに注目し、あらためてコミュニケーションとは何かについて検討してみました。その結果、コミュニケーション行為から発せられるメッセージや情報は、文化、状況、関係性などのコンテクストによって解釈に違いが生じることが明らかになりました。また、ドラマ的パフォーマンスによる語学習得法の事例を通じて確認されたように、コミュニケーション行為というものは、身体表現を介して成り立っている場合が非常に多いこともわかりました。こうした性質を持つコミュニケーション行為を通じて、私たちは世界とつながっているのです。つまり、それぞれの「私」は、多様な文化・歴史・社会的コンテクストが織りなす個々の世界観を持つ存在として、他者とのコミュニケーションを行っているわけです。語学学習の最大の魅力は、言語コミュニケーションを介して異なる価値観を持つ他者の世界観に触れたり、それによって自分の世界観を確かめたり再発見したりするところにあると言えそうです。

それぞれの言語の背後には、その言語を話す人々の世界観（思考様式）が埋め込まれています。それゆえに言語は、相手の言語を奪ったかつての植民地支配の時代のように、相手の世界観を否定し、自分たちの世界観を押しつける道具にもなり得ます。反対に、相手のことばを尊重することは、相手の世界観を尊重することと同義です。私たちの国際学の「学び」では常にこの視点を忘れてはなりません。コミュニケーションというものは、単なる伝達手段・道具などではまったくなく、異なる世界観を持つ人々との信頼関係を築く、最大の「条件」（第7節）であったのです。

第9章　「貧富」をめぐる問題については第2・第5・第6章を通じて触れてきましたが、この第9章ではあらためて「豊かさ」とは何かについて考えてみました。そもそも日本は本当に豊かな国なのでしょうか。この章では、今も続く福島第一原発事故の問題と沖縄の基地問題との同根性に焦点を当てて、「地方」の犠牲の上に「中央」の豊かさが成り立ついわゆる「中枢－周辺関係」という支配－被支配の構図を、いかにすれば公正な関係に改められるかについて議論しました。中央にいる人々は、目の前の「便利さや豊かさ」を求めるあまり、それに伴うリスクを周辺の人たちに押しつけてきた（いる）ことにあまりにも鈍感ではないのか、そのようにして獲得した「豊かさ」は、本当の豊かさとは呼べないのではないのか――これが「福島」と「オキナワ」の教訓が、私たちに向けて発している問題提起です。

経済学が示してくれる「豊かさ」の代表的な指標は国民所得やGDPですが、これらの数値が大きくなれば国民は本当に「豊かになる」のでしょうか。この章では、決してそうではないと断言しました。限りあるエネルギー・資源を他国との競争によって獲得し、地域の環境や文化を破壊しながら「永遠の経済発展」を目指すという新自由主義的な豊かさの追求は、まさに周辺の犠牲の上に成り立つ、ひとりよがりの豊かさである――このような指摘がなされました。私たちの国際学の「学び」にとって大切にすべき視点を、この章では次のようにまとめています。「視点の相対化・総体化が重要であること、固定観念を捨て、抑圧される相手への想像力を働かせ、そこから物事を見つめ直すことで問題の全容を理解することがいかに大切であるかについて考えなければなりません」（第３節）。では、真の豊かさとは何でしょうか。

経済の脱GDP、脱GNPといった考え方が一方で台頭してきています。経済的な豊かさではなく、人間的な豊かさを軸とする考え方です。「誰もが〝被害者（加害者）〟にならない生活」「誰かを、何かを犠牲にせず、みんなが平等に生きること」――第５節で紹介された二人の大学生によるこれらの言葉にも、目指すべき「豊かさ」への方向性が読み取れます。人間を豊かにしてくれるものは、まさにこうした公正な精神を共有し合う関係性の中から生まれるのではないでしょうか。

「中枢－周辺関係」は現在の国際社会の中にも、「南北問題」や「南南問題」という構造的な格差問題として存在し続けています。それは、日本に生きる私たち一人ひとりのライフスタイルのあり方とも直接・間接に大変深く関わっている問題です。公正な社会を目指すには、まずは私たち一人ひとりが、さまざまな不公正の存在を知り、その現実に向き合っていくことが最も大切です。そして、私たち一人ひとりがそれぞれの個性（異質性）を生かし合って、人間の「命」と「生活」と「尊厳」を守るための社会づくりに積極的に参加していくことが課題となります。

第10章　私たちの国際学の「学び」が最初にできることは、さまざまな不公正と向き合い、これまでの「豊かさ」と私たち自身のライフスタイルのあり方を見直していくことです。そして、より公正な地球市民社会を実現するために、世界との関わり・交わり・つながりをどのように深めていくかについて「思考」し、「語り合う」ことです。あるいはそうした営為を続けていくための術を身につけていくことです。

第10章は、「パスポート」をめぐる歴史と現在を概観し、今日の「国民国家」世界の成り立ちをみなさんとあらためて確認したうえで、〝国や地域を越えた地球市民社会、「パスポートなき国際社会」への夢は、私たちにとってなぜ希求されなければならないのか〟という問いかけで締め括られました。答えは、本書の「はじめに」で提起されたように、まさに「**私とあなた**の関係」から「**私たち**の関係」へと向かうプロセスの中に隠されていることでしょう。このプロセスを共に歩むことで、多様な「答え」が浮かび上がってくるはずです。一緒に見つけていきましょう。各章で展開されたさまざまな議論も、実はこの答えを共に見つけ出していくための「旅の始まり」だったのです。

みなさんにとってこの本が、人と人とが軽やかにつながり合う「心のパスポート」となって、「もう一つの国際社会」を共に描く〝知の旅発ち〟へのきっかけとなれたなら、執筆者一同、こんなにうれしいことはありません。

＊　＊　＊

本書の刊行は、文教大学学長調整金教育改善支援の助成を受けて出版可能になったものです。刊行するために御尽力下さった㈱新評論編集部の山田洋氏にはこころからお礼を申し上げます。

二〇一五年一月

椎野　信雄

林　薫（はやし・かおる）　1953年生。教授。専攻：開発と国際協力、資源と国際協力、国際関係論、プロジェクト計画・評価、公共財政管理。"Integration of Global Concern into ODA", T. Toyoda, et al. eds., *Economic Policy and Lessons from Japan to Developing Countries*, Palgrave, 2012、『公共財政管理と日本の開発援助』（国際開発高等教育機構、2006）、『国際協力論を学ぶ人のために』（共著、世界思想社、2005）。……………………………………………………………………………第２章

黛　陽子（まゆずみ・ようこ）　1973年生。准教授。専攻：環境意識、環境共生、情報デザイン、国際協力。「国際支援活動におけるアグロフォレストリープロジェクトに対する 受益者と支援者の意識の差異」（『地域学研究』vol.47, no.2, 2018, pp255-273）、Mayuzumi Y., Mizunoya T. (2017) "Study of Fair Trade Products for Regional Development　Case of Bali, Indonesia" In: Shibusawa H., Sakurai K., Mizunoya T., Uchida S. (eds) *Socioeconomic Environmental Policies and Evaluations in Regional Science. New Frontiers in Regional Science: Asian Perspectives, vol 24.* Springer, Singapore. pp.299-308. ……………………………………………………………第３章

本浜秀彦（もとはま・ひでひこ）　1962年生。教授。専攻：比較文学、日本研究（地域文化論）。『手塚治虫のオキナワ』（春秋社、2010）、『マンガは越境する！』（共編、世界思想社、2010）、『新装版　沖縄文学選―日本文学のエッジからの問い』（共編、勉誠出版、2015）。……………………………………………………………第１・９章

山田修嗣（やまだ・しゅうじ）　1968年生。教授。専攻：社会学。"A Tentative Study on the Citizens' Deliberation/Shimin-Tôgikai in Chigasaki City", *Shonan Journal*, The International Journal of the Shonan Research Institute Bunkyo University, Vol.5, 2014、"Deliberative Bürgerberatungen nach der Dreifachkatastrophe", *Fukushima –Die Katastrophe und ihre Folge*, Peter Lang, 2013.………………………………………………第３章

山脇千賀子（やまわき・ちかこ）　1966年生。元教授。専攻：地域研究（ラテンアメリカ）、社会学。『外国人の子どもと日本の教育』（共著、東京大学出版会、2005）、『ラテンアメリカン・ディアスポラ』（共編著、明石書店、2010）、『移動という経験―日本における「移民研究」の課題』（共著、有信堂高文社、2013）。
……………………………………………………………………………………………第７・８章

渡邉暁子（わたなべ・あきこ）　1976年生。准教授。専攻：東南アジア地域研究、文化人類学。「イスラーム世界と人びとの移動から地域研究を考える―イスラーム改宗者とフィリピン・ムスリム社会の再編」（『地域研究』14 (1)、2014）、『湾岸アラブ諸国の外国人労働者―「多外国人国家」における共生と分断』（共著、明石書店、2014）、*Migrant Domestic Workers in the Middle East: The Home and the World*, 共著 , Palgrave Macmillan, 2014.………………………………………………第２・６章

執筆者紹介（所属は、特記以外すべて文教大学国際学部、50音順）

井上由佳（いのうえ・ゆか） 1976年生。明治大学文学部資格課程専任准教授。専攻：博物館教育学、国際理解教育学。『博物館の理論と教育（シリーズ現代博物館学）』（共著、朝倉書店、2014）、『三訂版　グローバリゼーション・スタディーズ』（共著、創成社、2012）、G・E・ハイン『博物館で学ぶ』（共訳、同成社、2010）。……………………………………………………………………………………………**第７章**

奥田孝晴（おくだ・たかはる） 編者紹介参照。……………………**はじめに、第５・９章**

海津ゆりえ（かいづ・ゆりえ） 1963年生。教授。専攻：エコツーリズム、サステナブル・ツーリズム、まちづくり。『エコツーリズムを学ぶ人のために』（世界思想社、2011）。『改訂新版　現代観光総論』（学文社、2010）、『日本エコツアー・ガイドブック』（岩波書店、2007）。………………………………………………**第１・４・６章**

小島克巳（こじま・かつみ） 1965年生。教授。専攻：交通経済学、公益事業論。『空港経営と地域』（共著、成山堂書店、2014）、『交通の産業連関分析』」（共著、日本評論社、2006）。……………………………………………………………………………**第４章**

椎野信雄（しいの・のぶお） 編者紹介参照。………………………………**第10章、おわりに**

塩沢泰子（しおざわ・やすこ） 1955年生。教授。専攻：英語教育、教育演劇。『オーラル・コミュニケーションの新しい地平』（共著、文教大学出版事務局、2013）。『リスニングとスピーキングの理論と実践』（英語教育学大系第９巻、共著、大修館書店、2011）、『オーラル・コミュニケーションの理論と実践』（共著、三修社、2002）。……………………………………………………………………………………**第８章**

鈴木正明（すずき・まさあき） 1964年生。日本大学商学部教授。専攻：起業論、社会的企業論、中小企業論。『新規開業企業の軌跡―パネルデータにみる業績、資源、意識の変化』（勁草書房、2012）、『新規開業企業の成長と撤退』（共編著、勁草書房、2007）、『中小企業のイノベーションと新事業創出』（共著、同友館、2012）。…………………………………………………………………………………………**第５章**

髙井典子（たかい・のりこ） 1963年生。准教授。専攻：観光学、観光行動論。『若者の海外旅行離れを読み解く―観光行動論からのアプローチ』（共著、法律文化社、2014）、『訪日観光の教科書』（共著、創成社、2014）、"The Dialectics of Japanese Overseas Tourists: Transformation in Holidaymaking", *Tourism Review International*, 11(1),67-83, 2007. ……………………………………………………………**第４章**

編者紹介

奥田孝晴（おくだ・たかはる）

1953 年生。文教大学国際学部教授。専攻：国際学、アジア経済論、開発経済論。

『アジアの経済発展と流通機構』（共編著、晃洋書房、1997）、『途上国の経済統合―アフタとメルコスル』（共編著、日本評論社、1999）、『国際学と現代世界』（創成社、2006）、『東アジア共同体への道』（共著・主監修、文教大学出版事業部、2010）、『三訂版　グローバリゼーション・スタディーズ』（共著、創成社、2012）。

椎野信雄（しいの・のぶお）

1953 年生。文教大学国際学部教授。専攻：社会学。

K･クリッペンドルフ『メッセージ分析の技法』（共訳、勁草書房、1989）、H･ギルバート『性の女性史』（共訳、現代書館、1995）、S･サイドマン『アメリカ人の愛し方』（勁草書房、1995）、『テキスト社会学』（共編、ミネルヴァ書房、1999）、『社会学』（共著、建帛社、2003）、『エスノメソドロジーの可能性』（春風社、2007）、『市民のためのジェンダー入門』（創成社、2008）、『はじめての国際観光学』（共編、創成社、2010）。

私たちの国際学の「学び」　（検印廃止）

2015年３月11日　初版第１刷発行
2019年10月31日　初版第２刷発行

編　者　奥田孝晴
　　　　椎野信雄
発行者　武市一幸

発行所　株式会社 新評論

〒169-0051 東京都新宿区西早稲田3-16-28
http://www.shinhyoron.co.jp
TEL 03（3202）7391
FAX 03（3202）5832
振替 00160-1-113487

定価はカバーに表示してあります
落丁・乱丁本はお取り替えします

装幀　山田英春
印刷　フォレスト
製本　中永製本所

ISBN978-4-7948-0999-5
Printed in Japan